KB185383

밈과 혐오의 세계 생존 전략

인터넷 커뮤니티에서
살아남기

밈과 혐오의 세계 생존 전략

인터넷 커뮤니티에서 살아남기

마이너 리뷰 갤러리 지음

메디치

"인터넷은 역사상 최대 규모의 무정부주의 실험이다."

— 에릭 슈미트

아마도 인터넷에 대한 말 중 가장 유명한 구절이 아닐지 생각합니다. 근대 이전까지의 인간은 자신의 생각을 던지는 데 한계가 있었지요. 일본의 '나노리(전투에서 관례적으로 무사가 자신이 누구임을 밝히는 것)'처럼 전근대의 많은 사회에선 스스로의 이름과 출신을 밝히고, 가끔은 목숨까지 걸어야 자신의 생각을 밝힐 수 있었으니까요.

근대에 들어 대중 미디어가 등장하며 조금 더 많은 사람들이 의사 표현의 자유를 얻게 됩니다. 신문과 잡지, 책, 또 나중엔 방송 등을 통해 자신의 생각을 전달할 수 있게 되었지만, 누구에게나 기회가 열린 건 아니었습니다. 식자층은 그리 많지 않았고, 그들 중 신문 혹은 방송에 관심이 있는 사람들은 더 흔치 않았으니까요.

그런 의미에서 인터넷은 사상 초유의 발명품이었습니다. 지금은 누구나 인터넷을 사용할 수 있고, 인터넷에서 어떤 말이든 뱉을 수 있습니다. 마치 이 글을 쓰고 있는 저처럼 말입니다.

저 역시 인터넷을 통해서 표현한 아이디어가 인터넷을 통해서 호응을 얻었을 뿐인 그저 한 사람이지요. 곽주열이 마이너 리뷰 갤러리라는 필명을 입을 수 있었던 이유가 바로 인터넷 때문입니다.

그만큼 누구나 자유롭게 자신의 의견을 전달할 수 있는 공간이라는 점에 많은 트렌드 리더들이 인터넷에 주목했고, 국내외 많은 석학들도 인터넷이라는 공간이 우리 앞날에 엄청난 영향을 끼칠 것이라고 평했습니다.

〈주간조선〉에서 연재된 이원복 교수의 만평
〈현대문명 진단〉을 참고해서 다시 그린 그림이다

대표적인 예시로 《먼나라 이웃나라》의 저자 이원복 교수님이 그리신 만평이 있지요. 기억하는 분들도 많을 테지만 인터넷이라는 거대한 무정부주의 실험장이 우리

미래를 얼마나 바꿔놓을지 기대감이 반영된 그림입니다.

물론 이원복 교수님의 만평은 원론적으론 틀린 말이 아니고… 인터넷의 좋은 점에 집중했을 뿐입니다. 하지만 안타깝게도 이 만평은 인터넷에서 조롱 반, 안타까움 반 으로 자주 공유되는 짤방[1]이 되고 말았습니다.

실제로 현실 공간에서 이루어졌던 차별, 억압, 조롱이 사라질 수 있는 계기가 되리라 믿었던 인터넷은 오히려 그것을 재생하고 메아리치게 만드는 확성기 역할을 담당 하고 있습니다.

아래 링크를 통해 원본 밈을 볼 수 있다
https://www.fmkorea.com/4535331963

인터넷은 단일한 공간이 아니며, 공평 공정한 곳도 아닙니다. 누구나 자유로이 발언할 수 있지만, 누구나 내 말에 호응해 줄 거란 보장은 없습니다. 특정 사이트는 여초, 특정 사이트는 남초, 특정 사이트는 10대 위주, 특정 사이

---

1   짤림 방지. 초창기 디시인사이드에서는 사진이 없으면 글이 삭제되 었기 때문에 짤리는 걸 방지하기 위한 사진이 필요했다. 현재는 '짤방'이라고도 쓰지 않고 '짤'이라고 줄여 부른다.

트는 50대 위주입니다.

인간은 어떤 권위도 작용하지 않는 인터넷 공간 속에서 새로운 권위를 만들어내기도 하고, 현실의 편견을 적극 차용하기도 합니다. 2000년대 초중반만 하더라도 '어르신들의 전유물' 취급당하던 지역감정은 인터넷과 함께 화려하게 부활했지요.

성별갈등은 또 어떤가요? 원래 한국의 사회 지형상 성별갈등은 세대갈등과 동일했습니다. 여성혐오는 노년층의 부끄러운 유산이라고 생각했고, 많은 사람들의 공감으로 호주제가 폐지되기도 했습니다.

하지만 누구나 인정하듯, 성별갈등은 현실에서보다 오히려 인터넷에서 훨씬 더 많이 부풀어 올랐습니다. 현실에서의 혐오는 은근했지만, 인터넷에서의 혐오는 훨씬 직설적이었습니다.

먼저 지금까지 남성들이 체면상 이야기하지 못했던 '역차별' 문제가 불거졌습니다. 여성들이 승혼(상승혼. 자신보다 계층이 높은 이성과 결혼하려는 것)을 하려고 한다는 비판은 정제된 표현이 아닌 *김치녀*라는 혐오표현으로 승화되었습니다.

반대로 여성들 역시 자유로운 공간의 수혜를 입었지요. 강성 페미니스트도 현실에서 남성에게 욕을 하고 다니진 못하겠지만, 인터넷 공간에선 얼마든지 가능했습니다. 가부장제에 대한 비판이라는 원론보다 당장에 쌓인 감정을 배설하는 한남충이 인터넷에선 더 매력적이었습니다.

인터넷이라는 '익명성'을 이용해서 '이것이 바로 페미니즘 운동이다'라고 꺼드럭거리기도 가능했었지요. 기성세대는 인터넷의 그 특징을 이해하지 못하고 여성들이 도발적으로 자신의 의견을 표현한다는 것에만 집중했습니다. 마치 현실에서 그들이 도발적 메시지를 던진 것처럼 환호했습니다.

현실에서 남성에게 욕지기를 하고 다녔다면 오히려 책임을 지고 도발적인 행동을 하는 것이니 신선하게 느껴졌을 수도 있지만, 인터넷의 본질을 아는 사람들은 비겁하다고밖에 생각이 들지 않았을 겁니다.

인터넷의 성별갈등 사례는 차고 넘칩니다. 먼저 이걸 이야기한 것은 인터넷 문화를 독해하는 것에 대한 좋은 예시가 된다고 생각해서입니다. 인터넷 문화를 이해하지 못하면 고루한 과거의 감성과 뒤섞여 현실의 맥락을 제대로 파악하지 못하게 됩니다.

다른 예를 하나 더 살펴볼까요. 우리형이라는 신조어가 있습니다. 우리형은 특정 인물에게 친근감과 존경감을 담아서 부르는 명칭입니다. 몇 개의 예시를 들어보겠습니다. 호날두, 페이커, 메시, 손흥민 등의 인물을 예로 들 수 있겠군요.

만약 이것이 인터넷 커뮤니티가 아닌 현실의 유행어였다면 순수하게 감탄과 존경의 말이라고 생각이 들 겁니다. 하지만 인터넷 문화와 맥락을 잘 알고 있는 사람에 겐 정반대로 느껴지겠죠.

"뭐야, 저 말 조롱하려고 쓰는 표현이잖아?"

인터넷이라는 공간에 대한 감각이 잡히지 않은 사람 은 무작정 그 뜻만 이해하고 사용하기 일쑤입니다. 대표 적으로 노년층과 10대가 있죠. 그들은 인터넷의 맥락을 전혀 이해하지 못한 티를 내며 '표면적인 뜻'만 공유하고 인터넷 세상에 뛰어들려고 합니다. 그러나 자유의 공간 그 자체에서 일어나는 비추 폭탄을 맞거나, 명백한 배척 을 받으며 인터넷이란 공간에 실망하고 떠나가죠.

처음에 인용한 에릭 슈미트의 구절에는 사실 앞부분 이 더 있습니다.

"인터넷은 인간이 발명하고도 이해하지 못하는 최초 의 발명품이다."

인터넷을 만든 사람이라고 해서 인터넷 사회를 이해 하는 것도 아니고, 인터넷을 현재 이용하고 있는 사람이 라고 해서 자신이 체화한 것을 말로 표현할 수 있는 것도 아닙니다.

심지어 뭐라도 된 양 글을 쓰고 있는 저도 인터넷을 100% 이해했다고 볼 수 없습니다. 왜냐하면 제가 접하지 못한 인터넷 공간이 있을 것이고, 그 공간에서 어떤 일이 일어나고 있는지 파악할 수 없기 때문입니다.

2   비추천 · 많이 받으면 가슴이 아프다.

하지만 현재의 한국 인터넷 문화가 가장 먼저 생성되고 불타오르는 곳의 최전선에 서 있어 왔다곤 자신할 수 있습니다. 여초 커뮤니티도 접해왔지만, 제가 가장 많이 활동하고 관찰하는 곳은 10~30대가 활동하는 남초 커뮤니티이지요.

지난 대선 때 20대 남성의 보수화가 주목받았습니다. 하지만 그들을 분석할 때 '인터넷과 밈'에 대한 분석을 빼놓는다면 반쪽짜리 분석입니다. 현실 세계에서 보이는 20대 남성의 모습만으로는 그들의 '밈적 사고'를 이해하지 못할 것이기 때문입니다.

인터넷은 우리 삶에 점점 더 큰 영향력을 행사하고 있습니다. 조만간 인터넷이 현실 그 자체가 될지도 모릅니다. 큰일이군요. 당장이라도 인터넷 커뮤니티의 감성을 이해하기 위해 이 책을 읽어야겠는걸요? 해외에 나갈 때도 그 나라의 인사말을 배우고 들어가는데, 인터넷이라는 미지의 공간에 들어갈 때 대다수의 사람은 그들의 문법조차 배우지 않습니다. 만약 당신이 인터넷과 거리가 먼 사람이라면 '인터넷에서 한 달 살기'도 수행할 수 없을지도 모릅니다.

현실에서 주로 활용되는 인터넷 밈은 보통 '여초 커뮤니티' 혹은 〈유튜브〉, 조금 더 딥하다고 해도 〈트위터〉(현재는 '엑스') 정도일 거라 생각합니다. 인터넷 유행어를 잘 모르는 사람이 제일 마일드하게 접하기 쉬운 곳이기도 하죠.

"나만 고양이 없어" 같은 표현은 인터넷을 모르는 사람이라고 해도 직관적으로 이해가 가능하고 너무 귀여운 신조어잖아요.

하지만 이 책에서 주로 다루는 인터넷 공간은 비겁하고, 저열하고, 혐오적이며, 비관적이고, 냉소적이며, 패배주의적인 맥락이 주가 되는 곳입니다. 그렇기 때문에 이 책에서는 욕설이나 비속어를 검열하지 않고 직접적으로 드러냈습니다.

또한 책을 구성하면서 의도적으로 미학서나 예술산책 같은 다이제스트 형식으로 구성했습니다. 인터넷 커뮤니티의 역사와 밈의 흐름을 따라가는 형식입니다. 밈의 유행을 통해 우리가 어떤 정서와 사고관을 갖게 되었는지 이해할 수 있을 겁니다. 일종의 트렌드 책처럼 가볍게 읽어도 충분합니다.

목차의 충격적인 표제어에 겁을 먹으신 분들도 있을 겁니다. 막연한 공포는 상대할 수 없는 괴물을 만들어냅니다. 진짜 그들의 모습은 나와 똑같이 겁에 질린 인간입니다. 우리는 인터넷 속에 살면서도 인터넷 속 '우리들'을 타자화해왔습니다. 이제는 그들도 똑같다는 것을 받아들이고 접근해봅시다. 인터넷 유행어나 밈을 논한다고 주장하며 겉핥기만 하는 말들은 이제 질리니까요. 오히려 인터넷의 밝은 면, 바깥 면들에도 저 정서들이 얼마나 깊게 물들어 있는지 알면 놀라시게 될 겁니다.

차례

3장 혐오 속에서 '도태'되다

4장 그래도, 인터넷에서 살아남기

일러두기

- 영화, 애니메이션, 노래, 게임, 인터넷 카페, 커뮤니티 웹사이트는 < >로
  표기했습니다.
- 도서명은 《 》로 표기했습니다.
- 책의 각주는 모두 저자의 주입니다.
- 이 책의 본문은 인터넷 커뮤니티의 분위기를 독자들에게 가능한 가감
  없이 전달하고자 했습니다. 그런 과정에서 인터넷 커뮤니티에서 실제로
  사용되는 비속어나 욕설이 본문에 어느 정도 담기게 되었습니다.

1장

우리 '부족'을 찾아라!

인터넷에 떨어진 여러분 환영합니다. 여러분들이 가장 먼저 해야 하는 것은 바로 나와 동류의 인간을 찾는 겁니다. 나와 다른 존재들과 두루 어울리는 것을 즐기는 분들이라면 심심한 사과의 말씀을 드립니다. 인터넷의 '다른 존재'는 여러분의 접근을 극구 거부할 것입니다.

　남초 커뮤니티에서 여성이 적응하는 것은 쉽지 않습니다. 이성에 대한 혐오나 조롱은 한 게시물 걸러 한 게시물에 있을 정도입니다. 이들이 공유하고 있는 피해의식을 이해하는 것조차 쉽지 않습니다. 여러분이 이성인 것은 티도 내지 마세요. 이 커뮤니티에서 이유 없는 스토킹과 악플[3]을 견뎌야 할 겁니다.

　하지만 여초 커뮤니티에서 남성이 적응하는 것보단 쉬울지도 모릅니다. 여초 커뮤니티들은 아예 남성의 로그인 자체를 막는 경우도 많습니다. 남초 커뮤니티보다 훨씬 폐쇄성이 짙은 그들은 주기적으로 암호문을 사용하기도 합니다. 검방[4] 용어나 그들끼리 사용하는 초성을 학습하는 것은 정말 쉽지 않은 일입니다.

　40대가 주류인 커뮤니티에선 언제나 젊은이들에 대한 비난이 올라옵니다. 카공족[5]을 혐오하는 조작글도 판침

3　　악성 댓글. 악성+리플라이의 줄임말. 많이 받으면 가슴이 아프다.

4　　검색 방지. 우리의 대화는 반드시 은폐해야 한다.

5　　카페에서 공부하는 사람들. 왠지 모르게 40대 이상의 혐오를 산다.

니다. 반대로 젊은이들의 커뮤니티에선 개저씨⁶나 틀딱⁷을 혐오하고 있습니다. 굳이 내 집단이 아닌 곳에 가서 배척을 당하는 것을 견디는 건 쉽지 않습니다. 특히 인터넷 커뮤니티의 초보자라면 말입니다.

우린 부족을 찾아서 입단식을 치러야 합니다. 그 집단의 방역짤⁸에 익숙해지고, 함께 적대 집단을 모욕하며 동질감을 쌓아야 합니다. 우리 부족의 금기어와 네임드 유저⁹를 찾아서 익숙해져야 합니다.

따라오시죠. 우리 부족이 어떻게 형성되었고 어떤 역사를 가졌는지 여러분들에게 알려드리겠습니다. 인터넷 속 우리 공동체는 어떻게 파괴되고 찢어지고 흩어졌는지 알아봅시다.

오라 달콤한 국뽕이여

"한국이 개발한 신기술에 일본이 피눈물을 흘리고 미국이 러브콜을 보내며 중국이 격노했다."

2019년쯤 유튜브에서 흔히 보이던 썸네일의 느낌을

6 아저씨의 혐오단어. 2024년 민희진과 하이브(HYBE) 간 어도어(ADOR) 경영권 분쟁 때 민희진이 사용해서 엄청난 유행을 탔다.
7 노인의 혐오단어. 틀니딱딱충을 줄여서 틀딱이라고 부른다.
8 외부인을 배척하기 위해 사용하는 짤방. 정치인 비하 사진이 자주 사용된다.
9 게임 '에버퀘스트'에서 등장하는 특별한 몬스터를 네임드라고 부른다. 지금은 유명 유저를 뜻한다.

따라해보았습니다. 이미 신조어라고 보기에도 민망한 표현, "국뽕". 국가에 대한 애국심을 고취하는 매체들이 일종의 마약처럼 느껴진다는 뜻을 담은 표현이지요.

국뽕은 인터넷의 태동기인 90년대 말부터 최근까지도 꽤 범람했던 문화입니다. 자국우월주의는 언제나 매력적인 소재일뿐더러, 은연중에 타국을 혐오할 수도 있기 때문이지요. 좋은 일은 아니라지만 스스로의 자존감을 가장 빨리 올려주는 것은 다른 대상과의 직접적인 비교니까요.

인터넷 초창기의 대한민국은 객관적으로 문화 강국이 아니었습니다. 우리가 지금 자랑하는 K팝도, K드라마도 그다지 인기가 없었죠. 인터넷의 혹자가 한 말이 있습니다. 네덜란드 사람이 한국에 와서 '풍차와 튤립'을 아느냐고 물어보는 경우가 있냐고요. 우리나라의 문화를 해외에 널리 알리고자 하는 것은 역설적으로 우리나라의 문화가 알려지지 않았음을 반증한다는 뜻이지요.

그렇기 때문에 한국은 한때 해외 반응에 미쳤었습니다. K팝 이전엔 한류라는 표현이 사용되었고, 그 주 대상은 아시아권의 타국가였습니다. 한국 아이돌들은 '한류 아이돌'로, 한류스타 비는 '세계의 스타'로. 지금 생각하면 현재에 비해선 엄청난 인기가 아니었던 듯하지만, 우리 문화가 우리 자부심이 되어주는 과정은 꽤 즐거운 일이었지요.

긍정적인 일처럼 보이지만, 현실주의적인 사람들에게는 꽤나 힘든 시기였습니다. 그들은 내적으로 이렇게 소리쳤을지도 모릅니다.

"아니야. 외국이라고 딱히 컬러샤프를 신기해하지 않아."

"공기놀이 같은 게임은 외국에도 있어."

"부루마블은 한국만 하는 놀이가 아니야!"라고 말입니다.

2000년대 초반까지 인터넷은 현실과 유리된 공간이 아니었습니다. 그 당시의 인터넷은 오히려 '증강현실'에 더 가까운 개념이었지요. 현대를 살아가는 사람들은 인터넷에 있는 것이 대부분 가짜라는 것을 너무 잘 알고 있지만, 그 당시에는 그렇지 않았습니다.

한 사람이 여러 닉네임을 사용한다든지, 현실과는 전혀 다른 사람을 연기한다든지, 실제로는 그런 생각을 하지 않으면서 타인을 기분 나쁘게 하기 위해 악의가 담긴 말을 하는 사람이 있다고는 상상하지 못했지요.

그렇기 때문에 인터넷에서 활동하는 것은 사실상 현실의 내가 옷만 살짝 갈아입고 행동하는 것과 다름없었습니다. 대표적으로 한국의 〈싸이월드〉를 생각해 보세요. 그 당시에는 SNS라는 말이 없었지만, 한국형 SNS라고 부르기에 손색이 없는 서비스죠.

〈싸이월드〉는 '인터넷 공간'이라고 부르기엔 현실과 너무 많이 맞닿아 있었습니다. 현실에서 아는 사이가 아닌데 〈싸이월드〉의 '일촌'을 받아주는 경우는 흔치 않았지요. 오히려 인터넷에서만 시도할 수 있는 자기표현의 하나로 쓰이는 경우가 더 많았습니다.

이렇게 현실과 인터넷이 분리되지 않는 양상을 보였기에, 한국의 인터넷에 집단주의가 자리잡기는 너무나 쉬웠습니다. 인터넷에서라도 그런 것들을 함부로 반박하는 것은 반사회적 행동처럼 보였으며, 실제로 린치를 맞는 경우도 흔했었지요.

386세대, 인터넷의 헤게모니를 잡다

초창기 인터넷을 가장 잘 사용하던 것은 진보 진영이었습니다. 한국 최초의 정치인 팬클럽 노사모[10]만 보아도 알 수 있겠죠. 노사모를 주로 구성했던 것이 인터넷 초창기를 맛본 386 세대[11]입니다.

386 세대는 자신의 별칭을 스스로 정했다는 점에서 굉장히 의미 있는 세대입니다. 인터넷 신조어라는 것을 스스로 만들고, 자신들의 세대를 정의했지요. 경제위기를 겪던 시기였기 때문에 젊은이의 취직이 쉽지 않아서 인터넷에서 활동하기 더 쉬운 세대이기도 했습니다.

---

10   노무현을 사랑하는 사람들. 하지만 젊은 커뮤니티에서 노사모라고 하면 밈화된 노무현을 조롱하는 것을 즐기는 사람들로 착각할 수 있다. 이럴 때는 '진짜 노사모'라고 부를 것.

11   당시 유행했던 386 컴퓨터에서 착안한 이름. 30대, 80학번대, 60년대생을 의미한다. 지금은 대부분 586이 되어있다.

노사모는 그런 386 세대가 자발적으로 만든 최초의 인터넷 정치인 지지 집단이라는 점에서 눈길을 끕니다. 인터넷에 정치가 어떻게 스며들었는지, 어떻게 활용될 수 있었는지 한국에서 최초로 보여준 사례거든요.

인터넷 초창기가 김대중 - 노무현 정권으로 이어지는 진보 정권의 시대였기 때문에, 당시 인터넷에서 진보 세력은 스탠다드와 비슷하게 취급되었습니다. 노무현 정권이 탄핵 등으로 흔들릴 때에도, 인터넷에서의 노무현에 대한 인기는 절대 꺾이지 않았고요.

현재의 '인터넷 진보'에 대한 이미지도 여기서 형성됩니다. 이재명 현 민주당 대표의 '손가락 혁명군', 문재인 전 대통령의 '달빛기사단'처럼 인터넷의 진보주의자들은 엄청난 조직력으로 세상에 영향을 끼친다는 이미지가 있지요. 그게 긍정적이든, 부정적이든 말입니다.

하지만 노무현 전 대통령 말기 정권의 이미지가 엄청나게 추락하면서, 한나라당 내부 경선이 사실상의 대선이라고 불릴 정도로 확실하게 정권 교체가 예측되었습니다.

기존의 인터넷 정서가 현실의 정치 흐름에도 영향을 받았듯이, 인터넷에서도 서서히 '인터넷 진보'에 대한 부정적인 시선이 꿈틀대고 있었습니다. 이명박 후보는 특유의 선거송이나 이미지로 엄청나게 화제가 되었지요. 이것 역시 긍정적이든 부정적이든 말입니다.

이명박 전 대통령에게 정권이 이양되자 엄청난 비판

여론이 쇄도했습니다. 인터넷 진보는 헤게모니를 잡고 있던 만큼, 또 젊은 층이 주축이었던 만큼 재미난 창작물로 보수 정권을 공격했죠. 저도 어렸을 때 〈이명박 괴롭히기〉라는 플래시를 했던 것이 기억나네요.

2000년대 초반은 외세에 대한 감정도 몹시 좋지 못하던 시절이었습니다. 일본의 고이즈미 총리가 혐한을 한다는 이야기가 널리 퍼졌고, 조지 부시 대통령은 한국을 우습게 본다고 했었지요. 반미 반일 감정은 인터넷에서 엄청나게 부풀려졌습니다. 저도 어렸을 때 〈Fucking USA〉라는 노래를 뜻도 모르면서 흥얼거렸던 기억이 있군요.

인터넷으로 새로 등장한 라이징 스타들은 대부분 좌익적 가치관을 공유했으며, 문화의 힘으로 인터넷 문화를 선도했습니다. 하지만 한쪽 세력이 너무 강성해 보인다는 것은 그것에 꾹 눌려있던 반대 세력이 고개를 들고 일어선다는 뜻이지요.

현실 세계의 헤게모니는 보수가 더 강하게 쥐었을지언정, 당시 인터넷의 보수들은 거의 드러나지 않았습니다. 서로 겸양을 떨며 존댓말을 하는 사이트에선 굳이 인터넷의 주류 여론을 비판하지 않았고요.

그런 분위기가 마음에 들지 않았던 사람들을 품어주는 곳은 단 하나뿐이었습니다. 반사회성을 띤 자들의 낙

원, **디시인사이드**[12]였죠. 〈디시인사이드〉도 원래는 꽤나 겸
양을 떠는 사이트였으나, 대한민국이 낳은 희대의 악플
러 '씨벌교황'의 등장으로 완전히 뒤집혀버렸습니다.

디시인사이드, 초면에 존댓말 하지 마라

씨벌교황[13]은 불문율처럼 지켜지던 예의를 완전히 뒤집어
엎고, 일부러 많은 사람들에게 시비를 걸고 다녔습니다.
〈디시인사이드〉에선 오히려 예의의 기준이 바뀌게 되었
죠. 2011년도쯤의 디시는 초면인데 존댓말을 쓰면 싸가지
가 없다고 말하는 사이트가 되었습니다.

디지털카메라로 찍은 사진을 공유하는 사이트였던
〈디시인사이드〉는 자신의 관심사를 찍은 사진을 올리는
사이트로 변했습니다. 그리고 종국에는 '사진'이라는 원
래의 의도가 사라져 버리고, 자신의 관심사에 대해서 떠
드는 사이트가 되었지요.

하지만 사실 관심사보다 중요한 것은 〈디시인사이드〉
가 대한민국 유일의 '반사회적 사이트'였다는 겁니다. 이
전에 인터넷의 중심을 잡고 있던 386 세대와는 정반대의
감성을 지닌 사람들이 모여들기 시작했죠.

인터넷에서 초면에 다짜고짜 욕설을 내뱉었지만 그 특

---

12 김유식 씨가 만든 인터넷 커뮤니티. 한국 최대 크기의 커뮤니티다.
13 원래는 〈디시인사이드〉가 아닌 〈딴지일보〉 출신의 악플러. 최초의
네임드라고 볼 수 있다.

유의 캐릭터성으로 지금까지 회자되는 '싱하형'이라든지, 다양한 사이트에서 자의식 과잉(자신을 과하게 대단한 존재로 생각하는 것)에 휩싸인 게시물을 올리며 난동을 부리다 결국 고소를 당하고 사라진 '런던귀공자' 등 다양했죠.

2000년대의 인터넷은 겸양의 공간인 동시에 괴인들의 열전이 일어나는 공간이었습니다. 현재의 인터넷은 철저한 통제로 '찌질이'들이 잘 드러나지 않는 시스템이지만, 그 당시에는 규칙이고 뭐고 없었으니까요. 네티즌들이 그런 존재에 대해서 면역력이 없기도 했고요.

인간은 원래 빌런에게 끌립니다. 그리고 그런 빌런들이 맨날 〈디시인사이드〉에서 등장하니, 〈디시인사이드〉는 금세 대한민국 최대의 인터넷 커뮤니티가 됩니다. 네이버 뉴스, 다음 뉴스 등에서는 상상도 할 수 없던 발언들을 공유하며 그들만의 유머코드를 만들어냈지요. 바로 비웃음입니다.

〈디시인사이드〉를 통해 탄생한 조소의 감성은 사람들을 빠르게 감화시켰습니다. 그들이 특히 비웃었던 것은 바로 '국뽕' 코드. 〈디시인사이드〉의 출현 이후로 인터넷 유행어는 비아냥에 초점이 맞춰지게 됩니다.

가령 "김치에 싸서 드셔보세요"라는 유행어는 국뽕을 비아냥거리기 위해 쓰는 유행어입니다. 하지만 글자만 보아서는 뭐가 국뽕을 비하하는 것인지 이해할 수 없죠. 한국에서 외국인을 데려와 계속 김치를 먹이는 것을 비웃는 표현입니다.

하지만 디시판 유행어는 비웃음의 대상이 되는 행위를 비판하는 방식은 아니었습니다. 오히려 더욱 강조하고 반복하면서, 그 대사가 '병신같다'라고 생각하게 만드는 것이 〈디시인사이드〉발 유행어의 특징이었죠. 그래서 그들의 대사는 어디든 갖다 댈 수 있었습니다.

'스팸을 김치에 싸서 드셔보세요'

'아침을 김치에 싸서 드셔보세요'

'알람을 김치에 싸서 드셔보세요'

'베개를 김치에 싸서 드셔보세요' 등등…

무엇이든 김치랑 같이 먹어보라는 투의 표현을 사용하는 것으로, 외국인에게 다짜고짜 김치를 들이미는 것이 얼마나 이상한 것인지 체감시키는 식의 비웃음이 〈디시인사이드〉식 유행어의 핵심입니다.

광우병 파동, 갈라지다

2006년 한미FTA 협상이 시작되면서 가장 화두로 올라온 논제가 있었습니다. "뼈와 내장을 포함하여 30개월 이상의 소고기를 수입해도 되는가?"였지요. 현실 정치에서는 엄청나게 힘을 잃은 민주당계였지만, 인터넷에서는 달랐습니다.

인터넷에서는 반한나라당 기조와 반MB정부 기조가 강렬했으며, 여전히 2000년대 초반의 반미반일 분위기

가 셨지요. 노무현 전 대통령에 대한 부채감도 있었습니
다. 인터넷에서 강성했던 진보 세력이었지만, 노무현 전
대통령의 지지율 하락을 지켜주지 못했다는 부채감. 이
는 이후 2009년 노무현 전 대통령의 서거 이후로 더욱
증폭되기도 했습니다.

당시 인터넷은 진보의 필드였지만 현실 정치는 보수
가 득세하고 있었습니다. 비교적 젊은 인터넷 이용층이
할 수 있는 것은 인터넷에서의 투쟁뿐이었지요. 2008년
의 잇따른 촛불집회와 인터넷에서의 비판 여론이 모두
포집된 것이 바로 '미국산 소고기' 이슈였던 것입니다.

미국산 소고기를 수입하는 것에서 가장 크게 문제점
이 되었던 것은 경제적인 포인트가 아닌 '건강'이라는 부
분이었습니다. 예나 지금이나 사람들은 안전과 위생이
관련된 것이라면 조금 더 민감하게 반응하는 편이지요.

'미국산 소고기를 먹으면 광우병에 걸릴 것이다'라는
이야기는 굉장히 그럴듯하게 퍼져나갔습니다. 몇몇 사람
들이 "실제로는 미국산 소고기를 통해 인간 광우병이 발
병한 적이 없다."라고 반박하기도 했으나, 그들은 너무
소수였지요.

'미국인과 한국인의 유전자는 다르다', '소고기 성분이
들어가지 않는 음식을 찾아볼 수 없다', '인간 광우병에
걸리면 인간이 좀비처럼 될 것이다' 등등 다양한 얘기들
이 퍼졌습니다. 정치권보다 문화계에서 더 활발했던 이

논란은 진보 쪽이 예술계 문화전쟁의 주도권을 쥐고 있음을 여실히 보여줬습니다.

많은 웹툰 작가, 연예인, 인터넷 유명인들이 이 논란을 증폭시켰습니다. 라디오 등에서 이 여론을 등에 업고 정부를 욕한 연예인들이 '소신 발언 연예인'이라며 치켜세워지는 경우도 많았지요. 그 결과로 30개월 이상의 미국산 소고기는 수입하지 않게 되며 일은 마무리되었습니다.

2008년 당시에는 이 사건이 국민의 단합된 목소리로 보였고, 정부를 무릎 꿇린 시민의 위대한 성과처럼 보였지만, 너무 극단화된 모양새를 보면 자연스레 반발도 나오기 마련입니다.

특히 어린 시절 '광우병 논란'의 모든 괴담들까지 수용했던 어린 층들이 2~3년 후에 본격적으로 반발심리를 드러냈죠. 과거의 광우병에 대한 많은 이야기들이 대체로 괴담으로 밝혀지면서, 진보진영에 대한 배신감을 드러내기 시작한 겁니다.

인터넷 우파는 그전부터 있었습니다. 하지만 일간베스트 저장소라는 사이트가 출현할 정도로 인터넷 우파들이 하나의 기치를 내건 내막은 바로 '광우병 파동'에 있습니다. 이때 발생한 인터넷 우파들의 유행어가 바로 선동입니다.

'광우병 파동'은 한국의 대안우파 세력의 세계관을 만들어준 사건입니다. 그 이후로 형성된 대안우파들은 좌파에서 하는 모든 표현을 의심하고 비웃기 시작했습니다. 지금도 진보 측에서 제시하는 걱정, 불안, 의문 등에 늘 이런 수식어가 따라붙죠.

'제2의 광우뻥 선동'

좌파 측에서는 광우병에 대한 위기의식을 과할 정도로 조장했기 때문에, 초강대국인 미국과의 협상을 유리하게 할 수 있었다고 말하기도 합니다. 괴담에 가까울 정도의 담론은 비록 거짓에 가까울지라도 그 효용이 있었다고 말이죠. 실제로 광우병 논란 때문에 한국은 미국과의 협상력을 갖추고 30개월 이상의 소고기를 수입하지 않을 수 있게 되었습니다.

하지만 이 사건은 인터넷 우파의 세계관을 심어준 사건이라고 했지요. 인터넷 우파들은 위 사고관에 정면으로 반론하는 사고관을 갖게 됩니다. '거짓말과 부정으로 이루어낸 가치가 위대해 봐야 얼마나 위대하단 말인가?'라고요.

최근에는 후쿠시마 오염수 방류 사건에서도 이 세계관 대립이 눈에 띕니다. 좌익 측에선 '대한민국에 0.01%라도 위험할 소지가 있으면 막아 세우는 것이 당연하다'라고 나서고, 우익 측에선 '0.01%의 위험이라는 선동으로 굳이 국력을 소요한다'라며 다투죠.

비슷한 표현으로는 감성팔이가 있습니다. 광우병 사태 당시 눈물이나 감성에 호소하던 문장, 작품들이 많았기 때문에 좌파들은 늘 감성에 호소한다는 이미지가 박힌 것이죠. '감성팔이'라는 표현이 생긴 이후부터 대한민국에선 감정에 호소하는 것이 잘 통하지 않게 되었습니다. 2000년대의 추억이 있던 사람이 생각하면 지금 세계가 좀 삭막하죠.

지금부터 팩트폭격 들어간다

나의 적을 설정했다면 우리의 아군도 설정해야 하는 법. 인터넷 우파들이 좌파에게 선동, 날조, 감성팔이 삼신기를 장착해 주었으니, 자신에겐 반대의 이미지를 붙여야 할 필요성이 있었습니다. 그와 함께 등장한 표현이 바로 "팩트"지요.

이 역시도 조롱에 근거하고 있습니다. '팩트'라는 표현은 오히려 진보 언론인들이 자주 사용하던 표현이기 때문이죠. 아까 인터넷 우파들이 좌파에게 '거짓'이라는 이미지를 씌운다고 했을 때, 나이가 좀 있으신 분들은 이런 생각도 하셨을 겁니다. "아니, 원래 거짓말은 우파를 상징하는 거 아니야?"라고 말이지요.

젊은이가 기성세대를 보는 시각은 모두 똑같습니다. 거짓말과 위선에 가득찬 사람들이라고 생각하지요. 40대가 젊었을 적의 기성세대는 우파였던 것이고, 현재 20대가 보는 기성세대가 386세대인 40·50대일뿐인 겁니다. 기성세대의 정치 성향이 거짓에 차 있다고 믿는 것은 역사가 되풀이되며 늘 일어나는 일이지요.

인터넷 우파는 좌파가 주로 사용하던 팩트라는 표현을 비웃는 동시에 자신들에 맞게 전용했습니다. 좌파에서 나오는 멘트, 표현 등을 하나하나 뜯어보면서 논리적으로 틀린 구석이 하나라도 있는지 검증하는 것이 그들의 문화가 되었지요.

특히 〈일베저장소〉와 같은 사이트에서는 소위 '좌파의 민낯을 팩트로 까발리는 말싸움'이 밈화되어 떠돌았습니다. 그들은 좌파에게 팩트를 들이대며 그들의 거짓말을 참교육하는 감성을 공유했지요. 〈일베저장소〉는 스스로를 논리의 수호자, 팩트의 수호자로 생각했습니다.

그와 동시에 〈일베저장소〉는 〈디시인사이드〉의 사생아라는 별칭이 있듯, 〈디시인사이드〉의 문화를 그대로 흡수했기 때문에 직설적이고 공격적인 성향을 보였습니다. 이와 합쳐져서 생겨난 표현이 바로 팩트폭행입니다. 팩트로 사람을 폭행해서 제압한다는 뜻이지요.

물론 지금 생각해 보면 꽤 오그라드는 감성입니다. 너희들은 다 선동당했고 내가 너희를 일깨워주겠다는 표현이잖아요. 2010년대의 인터넷 우파의 태동은 일종의 계몽운동 같은 느낌이었습니다. 미개한 너희들에게 우리가 모던한 논리를 알려주마 같은 표현이었죠.

하지만 2010년대 후반으로 들어서면 이 역시도 비웃음의 대상이 됩니다. 〈일베저장소〉는 빠르게 사회악 취급을 받게 되었고, 〈디시인사이드〉의 유저들은 〈일베저장소〉가 강성할 때도 조롱했습니다.

인터넷 우파, 특히 남성들의 정서는 남에게 공격적인 만큼 내집단, 더 나아가서 자신에게도 공격적이라는 겁니다. 〈일베저장소〉와 유사한 정서를 가졌지만 정치에 과하게 몰입하는 일베를 비웃는 〈디시인사이드〉는 일베 역시 정치에 미쳐서 팩트는 갖다버렸다고 비웃었지요.

〈일베저장소〉에 있었던 전라도 혐오 정서를 오히려 전용하여 일베의 '팩트 신앙'을 우덜식 팩트라고 조롱하기도 했지요. 〈일베저장소〉에서 좌파의 거짓말을 '우덜식 XX'로 표현한 것을 비웃으며 사용하는 것입니다. "너네들이라고 뭐 다를 줄 아느냐?"라는 뜻이지요.

한때 인터넷 우파의 총본산 격이었던 일베 역시도 그다지 '팩트' 중심의 사이트는 아니었습니다. 자기 입맛에 맞게 유리한 대로 갖다 붙이기도 하였지요. 또한 일베의 이 전투방식을 진보진영이 배워오기도 했습니다. 팩트체크라는 표현은 더 이상 인터넷 우파의 전유물이 아니게 되었고, 진보진영에서도 본격적으로 우파를 조롱하며 그들의 거짓말을 낱낱이 공표하기 시작했습니다.

2024년 현재는 좌파든 우파든 큰 차이가 없지요. 상대를 거짓말쟁이로, 나는 진실한 존재로 믿어 의심치 않고 있습니다. 그리고 상대를 조롱하는 전법이 인터넷에서 최적이라는 것을 깨달아버린 사람들은 서로 반박하기보단 놀리는 것에 집중하고 있지요.

상대를 미개하게 만드는 전법이 인터넷 시대의 최적의 전법입니다. 상대의 말을 열심히 들어주고 반박해 봐야, 상대가 귀 막고 날 조롱하기 시작하면 내가 손해 보고 끝입니다. 이 전법은 상대 역시 마찬가지죠. 둘 다 마음을 여는 기적이 아닌 한 큰 상처를 입고 말 겁니다.

김치녀를 찾아라

인터넷 우파는 보통 젊은 남성층이 주력이었습니다. 그런 만큼 이 세계관에서 절대 빠질 수 없는 것이 있죠. 바로 이성관계.

방금까지 정치적으로 분류를 했기 때문에 착각할 수 있지만, 남녀 문제에서는 좌파고 우파고 별로 분별이 없었습니다. 2000년대 초중반의 '된장녀', '김치녀' 담론은 딱히 우파에서만 돌던 표현은 아니었으니까요.

대한민국을 뜨겁게 달궜던 된장녀 담론은 사치스러운 여성을 비하하는 표현이었지요. 대부분의 남성들은 '된장남'이라는 표현에도 그다지 부정적이지 않았습니다. 사치스러운 남성에 대한 비판은 똑같았으니까요.

하지만 미묘하게 핀트가 다르게 느껴지는 포인트가 있었습니다. 2000년대 초중반까진 여전히 대한민국이 가부장적인 나라였기 때문에, 여성은 남성이 벌어오는 돈을 쓰는 쪽이라는 맥락이 담겨있었기 때문이죠. 즉, '된장녀'라는 표현이 수동적 여성상에 대한 비아냥으로 들렸던 겁니다.

그래서 '된장녀'라는 표현에 대한 의견은 분분합니다. 이 담론 안에는 '남성을 파멸시키는 골드 디거(Gold Digger, 꽃뱀)에 대한 혐오'가 녹아있다고 보는 사람도 있고, 그저 '사치스러운 여자를 비하하는 의미'로 사용된다고 보는 사람도 있지요. 양쪽 다 틀린 말은 아닌 것으로 보입니다. 된장녀라는 표현을 어디에 핀트를 두고 사용하였는지가 포인트니까요.

그래서 된장녀라는 표현은 생각보다 대중적으로 사용되었습니다. 공중파 방송에서 소개되기도 하고, 스스로를 된장녀라고 표현하는 건 살짝 자학적이면서도 웃으면서 넘어갈 수 있는 표현이었지요. 자신을 '김치녀'라고 표현하는 여자와 자신을 '된장녀'라고 표현하는 여자를 생각해 보세요. 전자가 좀 더 버겁지요?

하지만 "김치녀"라는 표현은 명백히 수동적이면서도 사치스러운 여성상에 대한 표현이었습니다. 된장녀는 자신의 돈으로 사치하는데 무슨 상관이냐고 하는 사람도 많았지만, 김치녀의 맥락은 명백히 '남자에게 기생하는 존재'라는 맥락이었지요.

김치녀 담론은 확장성이 강했습니다. 방금 전의 인터넷 우파들의 세계관을 생각해보세요.

"좌파들은 전부 우리에게 감성팔이와 선동, 날조로 거

짓말을 하고 우리는 그것에 속고 있다."

이 정서는 그대로 남녀관계에도 대입되었죠. 이 세계는 남성에게 불리하고 여성은 남성의 희생 위에서 편한 삶을 영위하고 있다는 담론으로 발전했습니다. 김치녀 담론은 '유달리 한국 여성이 그렇다'라는 자국 이성 혐오에 의거한 담론이었고, 보슬아치라는 담론은 남녀관계는 전 세계적으로 원래 그렇다는 일반화 담론이었습니다.

보슬아치. 여성의 성기를 비속하게 표현하는 '보지'라는 단어와 벼슬아치를 합친 단어로, 지금은 잘 사용되지 않지만 2010년대 초에는 우후죽순 사용되는 표현이었습니다.

이 담론은 보통 이런 구조로 이어집니다. 연애권력 혹은 사회권력 내에서 권력이 없는 남자는 힘없이 희생당하고, 여성은 그 위에서 뻔뻔하게 더 많은 권리를 요구한다는 구조. 대표적으로 남성이 명백하게 희생하고 있는 군대 담론 등이 자주 사용되었습니다. 특히 군가산점 폐지 이슈가 인터넷에서 다시 한번 화제가 되기도 했지요.

미러링과 한남

김치녀 담론은 약자성에 대한 논지로 이어졌습니다. 이것은 2014년 이후 불거진 대한민국의 페미니즘 유행과도 맥이 닿아있습니다. 젊은 남성들은 도대체 내가 왜 강자인지에 대해서 의문을 가졌고, 여성이 왜 약자인지도 이해하지 못했습니다. 반대로 여성은 자신의 약자성이 어떤지에 대해서 이야기하기 시작했지요.

먼저 여성의 입장에서 얘기해 봅시다. 실은 인터넷 우파들이 억울한 만큼 인터넷 여성도 억울했습니다. 인터넷의 주된 담론은 늘 남성이 형성해왔고 여성은 담론 형성에서 배제되었기 때문이죠. 철저히 타자화되는 '된장녀, 김치녀' 따위로만 불릴 뿐. 여성이 주도해서 남성을 표현하는 유행어 따윈 존재하지 않았습니다.

2015년 '메르스 갤러리'가 생겨나면서 그들은 본격적으로 남자를 혐오하기 시작했습니다. 그 이유가 퍽 웃긴데요, 한국의 최초 감염자가 남성이었기 때문입니다. 작은 해프닝 정도였던 이 일이 드디어 세간의 주목을 받습니다. 지금까지 조용하고 나긋나긋한 표현으로 이야기하는 것으로는 어떠한 정치적 효능감도 얻지 못했던 여성들이 깨달아버립니다.

"우리가 이렇게 욕을 하고 다니니까 드디어 담론 공간을 찾아올 수 있구나."

'메르스 갤러리'에서 〈메갈리아〉로, 〈메갈리아〉에서 〈워마드〉로 여성들의 자국 이성 혐오가 터져 나오고 발달될 때마다 정치권과 문화권에서 호응해 줬습니다. 사실 그들은 늘 화가 난 것처럼 말했지만 실제로는 아마 신났을 겁니다. 내 이야기를 들어주는 사람이 생겼다는 건 꽤 신나는 일이거든요.

이 순간 여성들은 프레임을 꽤 잘 짰습니다. 이것을 **미러링**[14]이라는 그럴듯한 표현으로 포장했지요. 사실 그들이 한 것은 대사관에 화염병 던지는 것과 크게 다르지 않았습니다만, 많은 약소국가의 논리로 방어할 수 있었습니다.

"테러리즘이 아니면 너희가 우리한테 관심을 주기나 해?"

이 말이 되게 반박하기 어려운 말이거든요. "한국 남성을 노골적으로 비하하는 담론을 만들기 전까지는 여성의 권리에 하나도 관심없던 사람들이 우리가 착하게 말했으면 좋겠다고? 우리가 바보인가?"라는 감정이 들 수밖에 없었겠지요.

담론 권력을 가진다는 것이 꼭 그들에게 동조한다는 의미는 아닙니다. 오히려 〈메갈리아〉를 극력 비판하는 사람도 생겼습니다. 하지만 누군가를 비판한다는 것은 최소한 그들의 말과 표현, 논리를 들어준다는 뜻입니다. 인터넷에서 유명한 말이 있죠. '**무플**[15]보다 악플이 낫다'.

메갈[16]을 위시한 인터넷의 래디컬 페미니즘계가 하는 말에 동의를 하든 동의를 하지 않든, 대다수의 여성들은 이것에 전율을 느꼈을 겁니다. 아예 존재하지 않는 것처

---

14   상대의 행동을 거울처럼 그대로 따라한다는 의미. 그냥 역지사지라는 의미다.

15   댓글이 없음. 진짜 진짜 마음이 아프다.

16   〈메갈리아〉를 줄여서 메갈이라고 한다. 페미니스트를 총칭하는 표현으로 쓰이기도 한다.

럼 취급되던 우리들의 말을 누군가 들어주긴 하니까요.
이 정치적 효능감은 대한민국의 페미니즘 정서가 확장되
는 데 도움을 줍니다.

　현대의 젊은 여성을 분석하려면 〈메갈리아〉 사태를 분
석해야합니다. 이대남을 분석할 때 〈일베저장소〉를 통해
정서를 분석하는 것과 마찬가지입니다. 이대남들이 모두
일베를 하지는 않겠지만, 그들이 뿌려놓은 '팩트 중심, 논
리 우선시, 조롱과 비웃음 선호' 등의 가치는 이대남이 공
유하는 밑바탕이 되었지요.

　마찬가지로 현대 젊은 여성층은 〈메갈리아〉나 〈워마
드〉에 글을 쓰지 않은 사람이 대다수일 겁니다. 하지만 그
들 대다수는 인터넷에서 혹은 오프라인에서 욕설과 비웃
음을 날리는 것으로 세상이 바뀐다는 정치적 효능감을
공유해버렸습니다.

　"우리가 약자예요. 우리를 도와주세요"라고 하는 것
보다 더 간단하고 더 효과적인 것은, 한남[17]을 증오하고 비
웃는 돌림노래를 만들어서 부르는 겁니다. 인간의 선의
에 기대기보다는 인간의 악의에 기대는 것이 더 효과적
입니다.

　여성이 이런 전략을 취했다고 비웃을 것도 아닙니다.

17　한국 남자를 줄여서 쓰는 말. 부정적 맥락으로 쓰이는 말이다. 단순
　히 줄여부른 것뿐인데 왜 혐오단어로 낙인찍냐며 '줄쓰큰'(줄여쓰면
　큰일남) 등으로 불리기도 했다.

오히려 페미니즘계에서는 이걸 꽤 예전부터 인지하고 있었기 때문에 '서프러제트'같은 운동도 폭력적으로 전개된 겁니다. 어느 정도는 남성들에게서 배워온 것이기도 합니다. 김치녀 담론을 다시 떠올려 보세요.

남성의 군가산점 이슈는 쥐도 새도 모르게 사라진 편입니다. 하지만 인터넷에서 김치녀와 보슬아치 담론이 떠오르면서 다시 군가산점과 같은 남성의 약자성을 주목하게 되었습니다. 인터넷이 우리에게 가르쳐준 것은 다음과 같지요.

'우리의 약자성을 호소하는 것보다 상대의 강자성을 호소하는 것이 더 효과적인 슬로건이다'

약자코스프레? 뷔페미니즘

2010년대는 약자성이라는 가치를 누가 쟁취하는지에 관한 전쟁이었습니다. 남성들은 김치녀 담론 등을 통해 이젠 여성이 강자이며 남성이 약자라는 생각을 공유했습니다. 그에 맞서듯 여성들은 미러링과 한남을 내세우며 남성이 강자이며 여성은 약자일 뿐이라는 시각을 견지했죠. 페미니즘 역시 여기에 결합했습니다. 즉, 두 성별 집단의 행동의 기저 심리는 똑같았습니다. 발현 방식에 차이가 있었을 뿐이죠.

남성들이 "우리가 강자처럼 보이지만 사실은 약자가 아닐까?"라는 의문을 가졌다면, 여성들은 "우리는 약자니까 강자들의 담론을 뺏어오려면 이럴 수밖에 없어"라는 확신을 가졌습니다.

둘 중에 더 취약한 것은 의외로 후자였습니다. 사람들은 의문을 제기하는 쪽보다는 확신을 지닌 쪽을 더 꼴보기 싫어했거든요. 여성이 약자라는 확신을 갖고 있는 것은 오만으로 보였습니다. 그리고 방법론으로 혐오를 사용한다는 말은 변명으로 들렸지요.

이 부분을 들이밀며 페미니즘이 강성하던 시절 남성들은 페미니즘을 '무책임함'으로 공격하기 시작했습니다. 아마 남성들이 페미니즘을 공격하는 기저 심리엔 '된장녀'라는 유행어에 담긴 수동적 여성상이라는 부정적인 맥락도 포함된 것으로 보입니다.

"페미니즘은 권리만 주장하고 의무는 생각하지 않는다"라는 사고관은 순식간에 퍼져나갔지요. 여성들이 '한남'이라며 비웃고 조롱하는 행위를 이해하라는 듯한 모양새는 만인에게 괘씸하다는 이미지를 심어주었습니다. 이와 함께 탄생한 표현이 바로 "뷔페미니즘"이었지요.

마치 뷔페처럼 좋은 것은 무엇이든 담고, 원하지 않는 것은 남자들에게 던져준다는 심리를 담은 '뷔페미니즘'이라는 표현은 현재 20대 남성들에게 큰 영향을 주었습니다. 꽤 오랜 기간 젊은 층들에게는 사회 구조에 대한 근본적인 의문이 있었거든요.

"왜 우리 사회 구조에선 누군가가 더 배려받는가?"

"왜 누군가는 의무를 지지 않는가?"

"왜 어떤 이들은 다른 이들보다 더욱 평등한가?"

인터넷 우파의 정서와 결합되며 폭발적으로 발생된 **무임승차론**[18]은 걷잡을 수 없게 되었습니다. 젊은이들은 더이상 '너희가 강자니까 조금 더 책임을 가져가라'라는 말에 동의하지 않습니다. 내가 강자인 이유를 누구도 설명해주지 않았고, 내가 강자임을 인정해 봐야 돌아오는 건 손해뿐이거든요.

인터넷에서 혐오를 당하는 사람들은 대개 무임승차자입니다. 인터넷에서 '세금' 운운하는 이야기가 나올 때마다, 전 국민의 60%는 세금을 안 내는데 무슨 헛소리냐고 비웃습니다. 세금 무임승차자는 입 닫고 빠져있으라는 이야기입니다.

여성이 국방개혁을 말하거나 군대에 대해 농담이라도 하면 큰일납니다. 안보 무임승차자가 안보를 이야기하는 것은 어불성설이기 때문입니다. 장애인은 배려해 주면 고마운 줄이나 알라고 하고, 따돌림 피해자는 요즘 것들은 안 맞는 것에 감사할 줄 모른다고 합니다.

이를 젊은이 탓만 할 수는 없습니다. 여유가 없는 사회에서 자란 것은 그들의 잘못이 아니니까요. 상대의 약자성을 인정해 주는 것은 상대에게 더 많은 혜택을 가져가

18　사회적 약자가 우리 사회에 책임은 다하지 않고 이득만 챙긴다고 주장하는 것.

라고 인정해 주는 걸로밖에 느껴지지 않습니다.

그렇다면 사회적으로 강자로 인정된 사람들에 대한 최소한의 존중이 있던 사회냐고 물어본다면, 그것 역시 애매합니다. 우리나라는 희생에 물질적인 값 외에는 치르는 법을 모르는 사회이기 때문입니다. 군인의 희생에 돈을 주는 법 외엔 마땅한 방법이 없습니다. 그들의 희생에 존중을 보내는 법을 모르는 사회니까요.

대한민국 국민들은 나의 희생에 존중이 돌아올 거라는 신뢰를 잃었습니다. 우리 집 앞의 눈발을 치우면 누군가는 출근을 하며 감사할 것이라는 기대가 있어야 내가 나서서 삽을 드는 법입니다. 〈디시인사이드〉를 무급으로 관리해 주는 갤러리[19]의 관리자들은 존중받긴커녕 조롱받습니다. 타인의 노고를 치하해 주면 그가 그것으로 인해 이득이라도 얻을까 노심초사합니다.

나를 제외한 타인은 모두 뷔페마인드를 가지고 있습니다. 나 외의 모든 이가 사기꾼처럼 느껴집니다. 그들은 모두 날 속이려 들고, 세상의 진리에서 날 숨기려 듭니다. 내가 이 구조를 깨닫고 사실을 파악하는 것은 너무나도 어려운 일입니다. 하지만 그 진실을 찾아야만 합니다.

이것이 한국뿐만 아니라 전 세계의 젊은 세대에게서 유행하는 대안우파적 사고관입니다. 나 외의 모든 이는 나를 억압하고 속이는 존재인 것이죠. 하지만 우리만이

19   디시인사이드의 게시판을 의미한다.

알고 있는 진실로 그들에게 대항하리라라는 사고관. 대표적으로 `레드필`[20]이라는 표현이 있습니다.

『 스윗한남들은 내부의 적 』

남녀갈등을 이야기하고 있지만 딱히 남자들이 다 같은 편은 아니겠지요. 남성들 내부에서도, 여성들 내부에서도 내부의 적은 언제나 있는 법입니다. 동료 시민을 적이라고 불러야 하는 점이 우습긴 하지만….

　남자들은 페미니즘의 표현을 전용합니다. 우리는 모두 여성들에게 핍박받고 고통받는 노예인데, 여성들의 노예를 자처하고 만족하는 이들은 얼마나 달콤한지요. 남성들은 이런 존재를 "스윗한남"이라고 부릅니다.

　여초 커뮤니티에서 한국 남성을 혐오할 때, 외국인들은 여자에게 스윗하다면서 경험담을 공유하는 것을 조롱하는 `맥락`[21]에서 전용한 것입니다. 남성이 여성에게 스윗하게 대하는 거나 캣콜링(길거리 성희롱)을 하는 것은 일단 페미니즘적이지 않은데 페미니즘을 주장한다는 사람들이 저런다는 게 우습다는 것이지요.

　스윗은 범용성이 높은 표현입니다. 보편적으로는 스윗한남이라고 부르지만, 적대하고 싶은 '내부의 적'을 지칭

20　영화 '매트릭스'에 나오는 진실을 깨우쳐준다는 그 빨간 약이다.
21　여초 커뮤니티에서 자주 밈으로 돌던 '스윗중남'에서 전용한 것이기도 하다. 사상적 맥락이 크다보니 이 부분은 생략한다.

할 땐 어디든 쓸 수 있지요. 586세대를 비하하고 싶을 때는 스윗586, 40대를 비하하고 싶을 때는 스윗영포티 등으로 지칭합니다.

이들을 비하는 맥락은 각각 다르지만, 한국 좌파-페미니즘 결탁론을 내세우는 사람들은 586과 40대 모두 민주당 지지세가 강하다는 점을 들며, 민주당이 페미니즘을 든든하게 후원해 주고 있다는 정치적 맥락으로 이들을 비하하죠.

다만 586의 경우에는 '딸바보'라고 불리는 아빠들이 페미니즘을 하는 딸을 후원하고 있다는 맥락으로 비하를 당하고 있고, 40대의 경우에는 띠동갑 넘게 차이 나는 20대들을 노린다는 점에서 비웃음을 사고 있지요.

후자의 경우에는 정치적 맥락이 개입될 여지가 없어 보이지요. 하지만 40대들 중 일부가 이대남 보수화를 근거로 들며 20대 여성은 민주당 지지세가 높으니 동년배보다 40대를 선택할 것이라는 논리를 전개하는 것을 비웃는 맥락입니다.

영포티라는 표현도 철저한 비웃음입니다. 전혀 어려 보이지 않는데 스스로를 영하다고 주장하는 자칭 '영포티'들이 자의식 과잉이라고 조롱하는 맥락이지요.

혹은 아예 남성 페미니스트를 줄여서 남페미로 퉁치고 넘어가는 경우도 많습니다. 40대를 비하하는 맥락과 비슷합니다. 여성에게 인기가 없기 때문에 사상으로 수작을 부린다는 이미지로 소비되는 케이스가 많지요. 특히 강남역 살인사건때 등장했던 손날좌[22]라고 불리는 인물이 남페미의 전형으로 소비되는 편입니다.

조금 맥락은 다르지만, 내부의 적은 하나 더 있습니다. 요즈음엔 소위 알파메일[23]이라고 불리는 자들이죠. 예전에는 모든 남성들이 같은 피해자라는 이미지를 공유했지만, 작금의 패배주의 시대에는 알파메일은 가해자, 우리는 피해자라는 이미지를 공유합니다.

한 명의 알파메일이 수많은 여자에게 상처를 주고, 그 수많은 여성들은 알파메일이 아닌 인기도 매력도 없는 우리에게 혐오를 돌려준다라는 굴절혐오 맥락입니다. 이 담론이 재미있는 건, 여성들이 굴절혐오를 한다고 말하는 것이 또 다른 굴절혐오이기 때문입니다.

여성이 알파메일을 욕하지 못해서 평범한 한남을 욕하는 것처럼, 남성들도 알파메일을 욕하지 못해서 알파메일에게 당하는 여성을 혐오하고 있으니까요.

여초 커뮤니티에서는 이 행위가 꽤 유서 깊은 전통입니다. 〈여성시대〉의 부털은 부랄털기의 줄임말입니다. 자신들이 보기에 고까운 행위는 남성 유저일 것이라고 확신하는 거죠. 비슷한 맥락으로 흉자라는 표현이 있습니

---

22   혜화역 시위를 할 때 손날치기 자세로 혜화역 시위에 동참한 사람.

23   무리를 이끄는 지도자 수컷을 의미하지만, 지금은 연애시장 최상위 포식자를 의미한다.

다. 흉내 자지를 줄인 말입니다. 실제 그들이 여성이라고
할지라도, 같은 사고관을 공유하지 않는다면 남성을 선
망하여 따라하는 것과 마찬가지라고 말하는 문화이지요.
이렇게 내부의 적을 단도리치고 내부 결속력을 다지는
것이 커뮤니티의 최신 트렌드라고 볼 수 있습니다.

이제 무료 토킹바 안 해줘요

내부의 적을 쳐내고 결속력을 강화하는 것은 더이상 '외
부'가 중요하지 않아졌다는 뜻입니다. 최근에는 남녀갈
등이라는 싸움에 지친 나머지 남녀 갈등이 잦아든 것처
럼 보이거든요.

  그렇게 긍정적인 이야기는 아닙니다. 최소한 싸우고 싶
어한다는 것은 상대를 이해하려고 한다는 방증이니까요.
반대로 말하면 성별 갈등에 지쳐서 서로 싸움조차 시도하
지 않는 지금은 대화조차 포기했다는 뜻으로 보입니다.

  커뮤니티 사이트의 성비는 점점 극단화되고 있어요.
과거에는 우리 커뮤니티에 어울리지 않는 적을 '다른 커
뮤니티'에서 찾았지요. 〈일베저장소〉에서는 분탕 유저를
'오유에서 온 선비'라고 불렀고, 〈오늘의 유머〉에서는 분
탕 유저는 '일베충'이라고 불렀던 것처럼요.

  하지만 최근에는 커뮤니티 간의 비하용어는 꽤 줄어들
었습니다. 반대로 자기 마음에 들지 않는 댓글을 다는 유
저를 이성으로 낙인찍는 용어가 흔하지요. 〈여성시대〉에

서 부럴이라고 불렀던 방식과 흡사합니다. 남초 커뮤니티도 보기 불편한 말을 하는 사람은 아마 여성일 거라고 생각하고, 여성을 불쾌하게 할 수 있는 표현을 사용하지요.

제일 흔하게 볼 수 있는 표현은 '아줌마'입니다. 현실에서도 썩 기분좋은 표현은 아니죠. 이 표현의 장점은 상대의 말을 전부 무시할 수 있다는 겁니다. 보기 싫은 댓글 밑에 '아줌마'라고 낙인만 찍는 걸로도, 상대는 그저 멍청한 적이 되고 나는 우위에 설 수 있습니다. 다른 유저들이 동조해주면 금상첨화죠.

남초 커뮤니티는 여기서 꽤 심각한 이슈를 맞이했습니다. "모든 여성을 혐오하면 너네는 누굴 좋아하느냐?"라는 냉철한 일침이었죠. 여초 커뮤니티에서 한남의 반대급부로 갓양남을 제시했던 적이 있었지요. 그와 마찬가지로 남초 커뮤니티에서도 스시녀를 제시하기도 했지만, 또 다른 방향으로 접근하는 방법도 있었죠.

이렇게 조롱하고 비꼬면서 외부인을 배척하는 남초 커뮤니티의 문화. 사실 여초 커뮤니티에 비하면 별것 아닐 수도 있습니다. 단어의 충격이 커서 그렇지, 남초 커뮤니티는 여전히 싸우려고 하는 편이지요.

하지만 2023년부터 여초 커뮤니티에선 남자들과 싸워주지도 않겠다는 감정을 공유하고 있습니다. 굳이 남자들과 인터넷에서 대화하려고 하는 여자들을 무료 토킹바라고 비아냥거리지요. 어차피 인터넷 외에서는 돈 주고

여자와 대화를 해야 하는 사람들과 왜 무료로 대화해주
냐는 이죽거림입니다.

성별 갈등은 이미 정도를 한참 넘어 대화 단절의 수준
까지 치달았습니다. 그리고 인터넷 커뮤니티는 이런 와
중에도 답을 찾아야 하지요. 자국 이성이 답이 없다고 공
유했다면, 어딘가에는 그들의 이상향이 있을 겁니다.

이상향, 일본과 스시녀

'된장녀, 김치녀'에 관한 담론이 있을 때부터 남자들은 김
치녀가 아닌 존재를 꿈꿔왔습니다. 김치녀 담론에서 흔
히 제기된 한국 여성의 특징. "남성을 존중하지 않고, 개
인 시간을 신경 쓰지 않으며, 생활력이 부족하고, 사치를
많이 한다"라는 특징의 정반대의 존재를 꿈꾸었지요.

외국 여성은 자국의 여성과 다를 것이라는 환상은 전
세계적으로 있습니다. 한국에서 그 대상이 되기 가장 쉬
웠던 것은 일본이었죠. 일본 여성은 한국 여성과 다를 것
이다는 환상은 빠르게 퍼져나갔습니다.

마침 된장녀 담론 등이 퍼져나가던 1990년대 후반에
일본 문화 개방도 이루어졌지요. 그와 동시에 한국인들
에게 일본이라는 담론 공간은 굉장히 흥미로운 공간이
되었습니다. 완전히 다른 존재와는 '공통점'부터 찾으려
고 하지만, 일본만큼 문화적으로 가까운 나라에선 '차이
점'부터 보려고 했습니다.

2000년대 초반이 국뽕의 시대였던 만큼, 일본의 문화는 빠르게 퍼져나갔지만 일본에 대한 국민감정은 그리 좋지 않았습니다. 역사적·사회적 맥락을 무시할 수 없었죠. 물론 성진국이라고 불린 일본인만큼 본능적으로 관심을 가지는 사람들은 많았습니다. 2000년대 한국 내에서 일본의 위상을 잘 드러내는 말이 "하반신은 친일"이라고 생각해요.

하지만 '주류 분위기'가 이렇게 형성되면 심술이 나는 사람들이 생긴다고 했죠. 국뽕, 집단주의의 시대에 국까[24], 개인주의를 외치던 사람이 생겼던 것처럼요. 문화적으로 영향은 받고 있었지만 반일이 중심이던 시대에도 서서히 일본을 이상적, 환상적 공간으로 생각하는 사람들이 늘어났습니다.

문화적으로 친숙해지면서 일본은 더 이상 '두려운 곳'이 아니게 되었고, 한국의 단점이 없는 훌륭한 곳처럼 여기는 사람이 늘어납니다. 그들을 친일이라고 비판하는 것은 오히려 그들 내부의 결속력을 강화시켜주는 일이었지요.

꼭 일본의 모든 점을 좋아하지 않더라도, 일본의 특정 영역만큼은 이상적 공간일 것이라고 믿는 사람도 늘어났습니다. 오타쿠의 경우에는 일본의 다른 면모는 몰라도 한국과 달리 취향 존중을 잘해주는 공간일 것이라고 믿었고, 내성적인 사람은 일본은 다른 건 몰라도 외적으로

---

24   국뽕의 반대말. 별 근거 없이 국가를 까내리는 사람을 의미한다.

친절하고 무례하지 않다고 믿었지요.

스시녀 담론이 친일보다 빨리 퍼져나간 것도 동일한 맥락입니다. 일본의 다른 영역은 싫어하더라도, 일본의 여성만큼은 이상적일 것이라고 믿는 것은 어려운 일도 아니었거든요.

헬조센과 수저론

자국에 대한 과도할 정도의 자부심, 국뽕의 시대가 지나가고 난 뒤에 남은 건 철저한 해체의 시간이었습니다. "대한민국은 그 정도로 좋은 나라인가?"라는 담론은 2000년대 후반부터 2010년대를 지배했습니다.

특히 박근혜 정부 때는 사회 구조적 한탄이 극한으로 올라왔죠. 대한민국에서 청년 실업 이야기가 가장 많이 등장했던 때도 2014년쯤일 겁니다. 에코붐 세대(1991~1996년생)가 취업전선에 뛰어들던 시기죠. 2015년에는 아예 한국인들은 자신들의 나라를 헬조선으로 부르기 시작했습니다.

사실 이 말의 어원이 친일, 일뽕으로 유명한 '역사 갤러리'에서 나왔다는 점은 그다지 많이 주목받지 못했습니다. 애초에 원래는 일본어스럽게 "헬조센"이라고 불렀다는 것조차도요. 애당초 일본과 비교하여 한국이 나쁜 국가라는 것을 말하기 위해 사용된 말이지만, 불쾌한 맥락은 제거하고 한국의 자조 용어라는 의미로만 남게 되었지요.

'헬조센'과 함께 유행했던 표현이 바로 "금수저"입니다. "은수저를 물고 태어났다"라는 표현에서 유래된 말이지요. 일본의 격차 사회라는 단어의 맥락과 동일합니다. 태어난 환경이 삶에 얼마나 큰 영향을 주는지에 대한 담론이 2010년대 중반을 지배했지요.

동시에 유행했던 단어를 하나만 더 이야기하고 가죠. 노오력입니다. 청년들이 취업 불황을 겪거나, 삶이 고통스럽다고 호소할 때마다 기성세대가 하는 말을 해학적으로 받아들인 유행어죠.

"노력을 해도 잘 안된다고? 그렇다면 노오오오오력을 해보아라!"

노력이 잘 통하지 않는 이유는 노력을 잘 하지 않았기 때문이라는 무적 논리에 염증이 난 젊은이들이 '노오력'이라는 표현으로 자신의 삶을 자조하는 표현이었습니다.

2010년대 중반에 유행했던 이 단어들이 주로 비판하는 것은 '굳어진 계층'입니다. 사회 구조에 대한 비판이었지요. 오해하기도 하지만 사실 당시 정부였던 박근혜 정부와 원론적으로 큰 관련은 없습니다. 헬조센 담론을 정부를 비판하기 위해 전용하는 경우가 많았을 뿐이지요.

한국이라는 국가는 타고난 것이 많은 것을 좌우하고, 계층 이동의 사다리는 작동하지 않으며, 그것에 비판의식을 가진 청년들에게는 '노오력'하라는 말로 뭉갠다는 심리가 청년들 사이에서 확장된 것입니다.

그리고 헬조센 담론보다 오래 살아남은 것이 바로 탈조센 담론이지요. 이 사회 구조를 바꾸고자 하는 사람들보다, 이 나라를 떠나고 다른 보금자리를 찾고 싶어 하는 사람이 더 많다는 뜻입니다.

전 세계가 경악하고 일본이 벌벌 떠는

박근혜 정부가 탄핵으로 마무리되고, 문재인 정부가 들어서면서 헬조센 담론은 급격하게 사그라들었습니다. 사회에 대한 비판 의식이 폭발해서 정부를 갈아치우면서 잠시 허니문 기간을 가졌던 점이 주요했지요. 문재인 정부에 대한 기대감은 매우 높았고, 국민 80% 이상이 문재인 정부를 긍정적으로 본다는 평가도 있었습니다.

그와 동시에 대한민국에는 제2의 국뽕 시기가 도래했습니다. 2000년대에는 블로그 글, 커뮤니티 글, 혹은 외국인 반응을 번역하는 정도로 그쳤지만, 이제는 국뽕이 수익으로도 이어지는 시대가 되었지요. 바로 유튜브 시대의 도래입니다.

정권이 바뀌며 정부에 만족하는 사람들에게는 대한민국의 품격이 얼마나 올라갔는지를 체크해야 할 필요가 있었습니다. 실제로 문재인 정권 때 급격하게 국가 인지도가 올라간 것을 부정할 수 없지요.

한반도 평화 무드와 함께 한국은 전 세계 뉴스의 중심에 섰고, 한국의 문화 콘텐츠는 전 세계를 집어삼키고 있

었습니다. 방탄소년단의 성공이 유튜브 덕분이라는 분석
도 있으니, 한국은 유튜브 시대와 동반 성장하는 느낌도
있었습니다.

하지만 젊은이들의 열기는 생각보다 빨리 꺼졌습니
다. 40대 이상에선 문재인 정권에 대한 지지도가 매우 높
았지만, 20대 남성층에서는 급속도로 인기를 잃어갔지
요. 2014년부터 유행했던 페미니즘에 대해 문재인 정부
가 굉장히 유한 태도를 보였다는 것도 하나의 이유겠지
만, 그보다 더 중요한 이유가 있습니다.

'헬조선, 금수저, 노오력' 담론의 중심에 있는 것은 '보
수 정권에 대한 원망'이 아니라 '기성세대와 경직된 사회
구조'에 대한 원망이었기 때문이지요. 40대 이상이 보기
엔 "보수정권에 핍박받던 진보 세력이 헤게모니를 잡았
으니 시원한 카운터펀치 아닌가?"라고 보이겠지만, 20대
입장에선 전혀 그렇지 않았습니다.

애초에 헬조선 담론을 주도하던 젊은이들 입장에선,
민주당 측이든 새누리당 측이든 기성세대임은 전혀 다르
지 않았기 때문입니다. 오히려 정권 하나 바뀌었다고 귀
신같이 사라진 사회 비판에 더 위화감을 느꼈습니다. 박
근혜 정부나 문재인 정부나 계층 이동은 힘들고, 청년 실
업은 여전하고, 금수저에 대한 박탈감은 더 심하게 느꼈
으니까요.

일종의 토사구팽과 같았습니다. 젊은이들의 사회에

대한 분노가 정권 교체를 위한 불씨로만 이용되고, "이제 정권 교체가 되었으니 입 좀 다물지?"라는 식으로 나오는 새로운 기성세대가 더 비호감으로 여겨졌지요.

20대 남성층은 급격하게 정부에 대한 지지를 철회했습니다. 문재인 정부 초기인 2019년에도 20대 남성의 문재인 대통령 지지율은 30% 선에 머물렀습니다. 문재인 정부의 큰 고비였던 두 가지 이슈는 헬조선 담론을 더욱 강화했습니다.

조국 사태와 부동산 이슈. 조국 사태는 세상이 바뀌었으리라 믿은 젊은이들에게 '저들도 기득권'이라는 이미지를 강렬하게 심어주었으며, 부동산 급등은 이미 부자인 사람이 더 부자가 되는 사회라는 이미지에 화룡점정을 찍었습니다.

젊은이의 지지율은 급격하게 떨어지는 와중, 유튜브에서 끊임없이 돌림노래처럼 퍼져나가는 국뽕은 비아냥을 사기에 충분했습니다. 자꾸 대통령이 무엇을 할 때마다 미국이 놀라고 일본이 벌벌 떤다고 주장하는데, 젊은이들의 세계관에서는 상상할 수도 없는 일이었지요. 젊은이는 더 자조적이니까요.

아예 국뽕과 종합해서 40대 이상의 문화를 좌파 감성이라고 칭하기도 했습니다. 찬양, 감동, 눈물 등의 감성을 자극하는 감성팔이를 혐오했지요. 마냥 틀린 말이라고 보기도 어려운 것이, 국뽕을 자극하는 유튜브들이 윤석열 대통령 당선 이후에는 급격히 없어졌습니다. 젊은이들이 국봉을 '좌파 감성'이라고 느낀 것은 꽤 타당한 분석이었던 것이지요.

이재명 찍고 탈조선한다

'헬조선'이라는 표현 자체는 금기시되고 사라졌지만, 그 본질 자체는 그대로 남아있었습니다. 젊은 남성층에게 문재인 정권은 악처럼 여겨졌지요. 당시 유행했던 〈진격의 거인〉이라는 작품에 나오는 '지크 예거'라는 인물이 문재인 대통령과 매우 닮아서 문재인 대통령을 문크 예거라고 부르기도 했습니다.

또한 '지크 예거'의 계획이 자기 집단이 아이를 낳지 못하게 하여 모두 사라지게 만드는 것이었는데요. 문재인 정권 이후 급격하게 떨어지는 출산율을 보며 그의 행보와 겹쳐보기도 했습니다. 헬조선 담론만큼이나 거친 담론의 생성이었지요. 대한민국의 안락사.[25]

2010년대 후반에 들어서면, 대한민국은 젊은 남성층에게 더 이상 모국이 아니게 됩니다. 오히려 자기들을 희생시키면서 착취하는 일종의 노예 시스템이라고 확신하지요. 이런 나라는 오히려 망하는 게 더 낫다고 생각하는 사람들이 생깁니다.

---

25   지크 예거가 자신의 민족을 고통없이 모두 없애버리기 위해 무출산을 계획한 것과 겹쳐보는 의미이다.

남초 커뮤니티에서 민주당 정권의 이미지가 워낙 안 좋은 때였기 때문에, '나는 살아남을 테니 너는 망해라'라는 의미의 유행어가 재유행합니다.

"이재명 찍고 탈조선한다"

사실 원래는 "킹무성 찍고 탈조선한다"가 원조입니다만, 박근혜 정부 때는 그 당시에 비호감도가 가장 높은 인물이었던 김무성 당대표가 지목된 것이고, 문재인 정부 때는 비호감도가 가장 높았던 이재명 후보가 지목된 것입니다.

남초 커뮤니티에서는 사실상 국가에 대한 기대를 포기합니다. 동시에 자신이 아닌 집단을 모조리 욕하기 시작했지요. 40대 남성은 영포티, 50대는 586, 60대 이상은 틀딱, 여성은 모조리 한녀, 50대 이상 여성은 아줌마 혹은 김여사로.

그 비아냥은 외집단만을 향하는 것도 아닙니다. 20대 남성을 이대남이라고 부르지만, 사실 '이대남'이라는 말을 조롱의 의미로 가장 많이 쓰는 것이 이대남 본인들입니다. 남초 사이트 중 여론 형성이 가장 강한 〈FM코리아〉 유저를 비하하는 의미로 축대남[26]이라고 칭하기도 하고, 이대남 스스로가 이대남을 비하하기 위해 '좆대남'이라고 칭하기도 하지요.

이대남들에겐 공동체에 대한 애정은커녕 내집단에 대

---

26 〈FM코리아〉가 축구게임 팬사이트였기 때문이다.

한 애정도 남아있지 않습니다. 학습된 무기력이 그들을 지배하고 있습니다. 우리가 들고 일어서봐야 기득권 사이에서 정권만 바뀔 뿐입니다.

그렇다고 해서 우리의 사고관이 유달리 남들보다 옳은지도 모르겠습니다. 이전에는 외집단의 모두가 내로남불인 줄 알았습니다. 20대 남성 배곤 전부 국가에 "해줘"라고 칭얼대는 무책임한 존재만 있는 줄 알았습니다. 하지만 다시 되돌아보니 20대 남성도 뭐 그리 책임감 있는 존재는 아니었던 것 같습니다.

그러니까, 이런 공동체는 그냥 없어지는 게 낫겠다고 생각한 겁니다.

2번남과 공동체 붕괴

이대남을 중심으로 서술했지만, 여성이라고 크게 다르진 않습니다. 20대 여성들은 이미 사회 이슈에 그다지 관심이 없어진 지 꽤 되었습니다. 페미니즘 유행과 함께 정치적 효능감을 맛본 것도 잠시지, 이윽고 문화계와 정치계에서 여성 여론을 수합하는 데 부담을 느끼기 시작했으니까요.

페미니스트가 근무한다는 소리를 들으면 20대 남성들이 불매를 하기 시작합니다. 특히 게임과 일러스트 업계가 홍역을 앓았지요. 싸워서 얻을 대의적인 부분보다 개인적인 사상검증이 더 크게 다가옵니다.

　40대 이상도 굳이 그들을 설득하려 들지 않습니다. 프레임을 씌우고 비웃는 것이 더 쉬운 방법이니까요. 설득하는 것은 피곤하고 조롱은 재밌습니다. 상대를 조롱하면 내집단이 더 끈끈해진다는 것도 장점이지요.

　2022년 대선에는 아예 윤석열 후보를 지지하는 사람을 "2번남"이라고 부르면서 조리돌림을 했습니다. 민주당 지지자 내에서도 꽤 위험하다고 생각한 수법이었지요. 부동층을 붙잡기는커녕 적대감을 드러내면 누가 우리를 지지해 주겠냐고 말입니다.

　이와 같이 우리 사회는 이제 '갈라지고 비웃는' 것이 일상화된 세상입니다. 어떤 집단을 부르는 표현이 이토록 많은 사회도 없을 겁니다. 10대인 수험생들은 수시를 보는 여학생들을 비웃으며 담요단이라고 표현합니다. 그들이 독서실에서 담요를 덮은 채로 공부하는 체하는 것을 비웃는 것이지요.

　그들을 그렇게 프레임화한 뒤에 내집단을 실모단으로 정체화합니다. 실전 모의고사를 보는 정시 파이터들을 의미합니다. 물론 실모단이라는 말을 만든 것이 실모단이니, 이 말은 자학의 맥락으로 많이 사용합니다. 아는 척과 혐오는 제일 많이 하는데 실제론 담요단보다도 대학을 잘 못 간다고요.

　일본을 이상향으로 보는 사람들이 늘어난 만큼 그들을 비웃는 말도 생겼습니다. 서현 칼부림 사건의 범인인

최원종이 일봉이라는 데서 착안해, 아예 그들을 전부 원종이라고 부르지요.

휴대폰 사용으로도 갈라집니다. 갤럭시를 사용하면 아저씨 혹은 찐따로 불립니다. 아이폰이나 맥을 사용하면 스타벅스 입장권으로 불리기도 하지요. 아이폰이 허세 혹은 사치처럼 보이고, 스타벅스에서 공부하는 카공족들이 애플 제품을 자주 사용한다는 점에서 붙은 프레임입니다.

틀, 급, 씹, 찐, 근, 홍 등등… 여러분이 어떤 사람이든 인터넷에서는 셋 이상의 태그가 붙을 겁니다. 당신이 누군지보다, 당신이 속한 집단이 어떤지를 더 빠르게 파악할 것입니다. 그리고 그 집단에 붙은 프레임, 편견으로 여러분을 비웃겠지요.

하지만 인터넷 세계에서 살아남는 법은 이런 세태를 비판하는 것이 아닙니다. 누구보다 빠르게 이것을 흡수하는 것이지요. 내가 조롱받는 것을 감안한다면, 여러분은 이 세계의 어떤 사람이어도 비웃을 수 있는 존재가 됩니다. 완전히 파괴된 이 세계에서는 여러분이 깔고 앉을 수많은 조롱 대상이 있으니까요.

이제 갈기갈기 찢어진 우리의 세상을 눈으로 보았으니, 이들을 어떻게 반사회적으로 비난하고 비웃을 수 있는지 알아봅시다. 나 빼고는 전부 가해자인 세상, 나만을 핍박하고 괴롭히는 세상에 대해 〈조커〉와 같은 농담을 날려보자고요.

2장

쿨함에
'긁히다'

"가만있음 긁, 반응하면 긁, 이미 진 싸움 아님 뭐냐고."

2024년 중반을 뜨겁게 달군 디스전이 있습니다. 2013년에 있었던 스윙스의 컨트롤 디스전에 못지않은 화제였습니다. 힙합 팬덤뿐 아니라 대중들의 이목도 자연스레 이 디스전에 쏠렸죠.

하지만 이 디스전에는 특이한 점이 있었습니다. 한쪽은 저명한 래퍼 pH-1이었지만, 반대쪽은 완전히 예상 밖의 인물이었죠. 바로 유튜브에서 코미디를 하고 있는 희극 듀오 '뷰티풀 너드'였습니다.

'뷰티풀 너드'는 힙합 씬에 존재하는 몇몇 '힙찔이'들을 풍자하고 조롱하는 성격의 캐릭터인 맨스티어를 결성했습니다. 그들은 '힙찔이'를 조롱하는 몇 가지 레파토리를 스스로의 캐릭터에 장착했지요.

부모님에게 용돈을 받아서 힙합을 한다. 가정불화가 없으면서 있는 척한다. 한국에는 할렘가 같이 치안이 불안정한 곳이 없음에도 불구하고 할렘가 출신인 양 군다. 곡 작업은 안하고 매일 인스타그램에서 라이브 방송만 한다 등등….

코미디언들은 세상에 있을 법한 부정적인 스테레오타입을 연기하면서 스스로를 조롱의 대상으로 만들기도 하지요. 또한 맨스티어는 2010년대 후반부터 급격하게 일어난 개그맨들의 '부캐' 문화이기도 했습니다.

뷰티풀 너드는 실제로 맨스티어라는 기믹[28] 그룹을 이용하여 음악을 하기도 했습니다. 물론 대부분은 말도 안 되는 가사를 담아서 누가 봐도 쌈마이[29]라는 것을 티내는 음악이었지요. 은행을 턴다든지, 자신의 외할머니가 AK47을 맞고 죽었다는 말도 안 되는 소리를 한다든지….

그렇게 기믹 그룹으로 인기를 얻어가고 있던 맨스티어는 상기한 가사를 담은 〈AK47〉이라는 음악을 냈고, 도저히 기믹이라고 볼 수 없는 초대박을 내게 됩니다. 국내 힙합의 명곡이라고 불리는 대부분의 곡 조회수를 뛰어넘었고, 댓글 창에는 그들에 대한 칭송이 가득 찼지요.

물론 그들에 대한 칭송은 반대급부로 '국힙', 국내 힙합에 대한 조롱의 목소리기도 했습니다. 고작 '가짜 래퍼' 들에 비해 나은 게 하나도 없다는 국내 래퍼들에 대한 비웃음. 저렇게 스스로를 조롱거리로 만드는 코미디언들에 비해서도 본업에서 밀린다는 비아냥.

이 문화에 대해 pH-1이 뷰티풀 너드는 존중하면서도, 그들의 활동이 저열한 댓글 창과 반응을 태동하게 만든다고 디스곡을 발표했고, 맞받아치는 맨스티어는 pH-1에 대한 개인적인 조롱을 담은 맞디스곡을 발표했습니다.

반응은 어땠을까요? 의외로 맨스티어 쪽에 손을 들어주는 사람이 압도적으로 많았습니다. 아마 인터넷 문화

---

28 눈속임. 특별한 전략 등을 의미하는 표현이다.

29 일본어에서 온 개그계 속어. 가짜나 농담, 질떨어지는 것을 의미한다.

에 대한 이해가 없다면 이 현상을 납득하기 어려울 것입니다. 물론 힙합 문화에 대한 이해도라든지, pH-1의 가사가 힙합 씬만 존중하고 개그맨들은 존중하지 않는다든지 하는 이야기도 필요하겠지만, 이 책은 인터넷 문화에 대한 책이니 과감히 생략하겠습니다.

우리가 주목해야 할 것은 pH-1의 가사 중 일부분입니다.

"가만있음 긁, 반응하면 긁, 이미 진 싸움 아님 뭐냐고."

대체 그 '긁'이라는 게 무슨 말이길래. 어떤 정서를 내포하길래 이런 가사가 나온 걸까요?

긁힘?

인터넷 커뮤니티 생활을 즐길 수 있게 해주는 활력은 역시 남의 키보드 배틀을 보는 겁니다. 그 싸움에 끼어든다면 더욱 좋겠지요.

과거에 인터넷 커뮤니티를 조금 해봤다든지 혹은 중노년층이 주로 이용할 법한 곳에서 입씨름을 해보신 분들도 있으시겠지요. 그때의 입씨름이란 주로 과몰입에서 발생했습니다.

특정 정치인, 정서, 사상, 캐릭터에 대한 과몰입은 당연히 견해의 차이를 불러일으키고, 견해의 차이를 마주하면 화가 나는 것이 사람의 본능인지라, 우리는 내가 옳고 네가 틀렸음을 주장하기 위해 인터넷에서 말싸움으로 시간을 보냈습니다.

이 시절의 키보드 배틀은 그야말로 진검승부였습니다. 우리는 아스나짱[30]을 지키기 위하여 진심을 다했고, 남의 행동을 진심으로 까내렸지요. 뭐 긍정적이라고 말하긴 어려워도 그 당시 우리에겐 열정 가득한 비난이 존재했습니다.

하지만 2024년 최신 트렌드는 진심이라곤 하나 없는 '쿨함'만이 존재합니다. 이 세계에서 진심을 내보이는 것은 '긁힌 것'입니다. 국어사전에도 있는 긁다의 용례. '남의 감정, 기분 따위를 자극하는 것'은 표면적인 의미일 뿐. 인터넷 세계에서 "긁?"은 하나의 규범으로 작용합니다.

"이 세계에서 진심을 내보이는 것은 지는 것이다."

'긁힘?'이라는 표현은 인터넷 커뮤니티만큼이나 익명 문화를 선도하는 '인터넷 방송'에서 등장했습니다. 2010년대 후반의 인터넷 방송 문화는 양분되어 있었는데, 한국에서 원래 독점적으로 인터넷 방송을 주도해 오던 〈아프리카〉의 문화, 그리고 외국에서 들어온 비교적 젊고 서브컬처적인 〈트위치〉의 문화로 나뉘어 있었죠.

〈아프리카〉의 시청자는 방송인이 무언가 마음에 들지 않는 행위를 하면 거친 폭언을 마구 내뱉지만, 그 외의 경우에는 비교적 호응해주는 분위기였습니다. 특히 〈아프리카〉는 방송인이 갑이고 시청자가 을인 경우가 대다수였기 때문에, 지금 논하는 '긁는' 행위를 하기도 어려웠지요.

이 '긁는 문화'는 방송인과 시청자가 비교적 수평적이었던 〈트위치〉에서 폭발적으로 등장합니다. 트위치의 전신같이 여겨지는 한국의 〈다음팟〉에서도 방송인과 시청자는 친구 같은 관계였죠.

친구 사이에는 좋은 일이 있어도 비꼬고, 나쁜 일이 있어도 비꼬잖아요. 또 일부러 성질을 돋우기도 하고, 구태여 싫어하는 행위를 하기도 하고요. 이처럼 〈트위치〉에서는 모두가 장난스러운 분위기였습니다.

하지만 실제 친구들 사이에서 장난을 치다가 선을 넘으면 현실에서는 문제가 발생하지만, 인터넷 세계에서 익명으로 활동하는 시청자들이 장난을 치다가 선을 넘는 것은 부지기수로 발생하는 법. 그들이 선을 넘는다고 해서 마땅히 처벌할 방법이 있는 것도 아니었고, 오히려 트위치의 영상 도네이션 문화는 방송인과 시청자를 괴롭히는 눈테러[31] 문화로 자리 잡기도 했지요.

현실에선 누군가가 기분 나쁜 내색을 하면 알아서 몸을 사리게 되지만, 선이라는 것이 없는 인터넷 방송에서는 방송인이 기분 나쁜 내색을 보인다고 해도 또 한 번의 억까(억지로 까는 것)의 소재가 될 뿐이었습니다.

"지가 진짜 못해서 사실만 얘기했을 뿐인데… 긁히셨

---

31 눈을 괴롭힌다는 의미. 보기 싫은 걸 봤을 때 '눈테러'하지 말라고 쓴다.

나요?"

"방송에 시청자가 줄어들고 있는 건 팩트인데 왜 긁힌 거임? (진짜 모름[32])"

이 길고 긴 감정을 한 번에 담아서 '긁?'이라고 말하는 것은 다음과 같은 뜻입니다.

"왜 다 같이 장난치고 있는데 너만 분위기 못 맞춰줘? 쫌생이야?"

'긁?'이라는 표현은 그 2010년대의 문제작 '팩트'라는 단어와 함께 쓰면 폭발력이 두 배가 되고, 그가 왜 화났는지 모른다는 식의 표현인 (진짜 모름)을 덧대주면 금상첨화입니다.

이 유행어로 알 수 있는 것은 우리가 인터넷에서 '진짜'를 보이는 것은 조롱의 대상이 될 뿐이라는 거죠.

『 가성비 댓글 』

이렇게 하나하나 불같이 반응하는 대상을 조롱하는 문화는 생각보다 오래되어 왔습니다. 그 대표 주자가 상대의 주장을 정신질환자의 헛소리로 취급하는 "네 다음 환자"라는 표현이었죠. 이 표현은 예전에 인터넷을 하셨던 분들도 익히 아실 거라 생각합니다.

하지만 이런 범용성이 높은 표현은 소위 '타격감'이 부족했습니다. 상대는 '네 다음 환자'라는 말을 들으면 그냥

---

32   왜 그렇게 호들갑을 떠나는 의미. 긁으려고 쓰는 표현이다.

비웃고 넘어가기 일쑤였죠. 또한 공감을 사기도 어려웠습니다.

본디 키보드 배틀이란 상대를 설득하는 과정이 아닌 그것을 보고 있는 대중을 설득하는 과정입니다. 상대의 말을 반박할 가치가 없는 헛소리로 치부하는 것은 내 기분은 좋으나, 유저들 사이에선 진 것으로 취급되었지요.

이때 혜성같이 등장한 집단이 바로 오타쿠였습니다. 오타쿠는 원래 소외받는 약자 집단인 동시에, 대중들에게 혐오 여론도 강했으며, 약자라는 피해의식 때문에 반응 역시 뜨거운 존재였지요.

그래서 오타쿠에게 '오타쿠'라는 세 글자를 다는 것 만으로도 간단하게 상대를 화나게 만들 수 있다는 것을 깨달은 한 유저는 전방위적으로 이 댓글을 달기 시작했습니다. 그 결과는 꽤나 환상적이었죠. 많은 오타쿠들은 '오타쿠' 한 마디에 성질이 돋았고, 아니 '긁'혔고, 장문의 댓글로 글쓴이를 비난하기 시작했습니다.

이런 것을 보고 사람들은 '가성비가 좋다'라며 비아냥거리기 시작했고, 이것은 하나의 문화 코드로 자리 잡게 되었지요. 나는 적은 노력과 품을 들였는데 상대는 그것에 반응하느라 십수분을 쓰게 만들었다면, 내가 가성비 좋게 남의 시간을 낭비시키고, 남의 감정을 낭비시켰다는 감성이 세상에 널리 퍼지게 됩니다.

우리는 "가성비 댓글"을 통해 노력은 최소화하고 타

인의 심정은 최대한으로 긁어버리는 것이 인터넷의 필승 법임을 깨달았지요. 오히려 '가성비 댓글'을 따라 한답시 고 그것을 잘못 이해한 사람을 비웃을 때도 있습니다. 한 대상에게 끊임없이 '오타쿠'를 단다든지, '아줌마'를 계속 다는 모양새를 보이면 이게 무슨 가성비냐고 조롱을 당할 정도지요.

너 일베해?

가성비 댓글로 촉발된 커뮤니티 정서는 압도적으로 유리 한 위치인 '장난'의 선에서 남의 진심을 마구 긁어버리는 것이었습니다. 하지만 동시에 상대를 한심하게 보이게 만드는 것도 가성비 댓글의 핵심이었지요.

처음 가성비 댓글을 당한 상대가 사회적으로 한심한 이미지인 '오타쿠'가 아니었다면, 우리는 그들의 진심을 '오타쿠의 헛소리'로 치부하지 않았을 겁니다. 남의 진심 을 매도하고 무시하는 가장 좋은 방법은 프레임을 씌우 고 비웃는 것임도 배우게 되었지요.

그 결과 우리의 키보드 배틀은 다른 양상을 띠게 되었 습니다. 상대의 로고스, 논리의 허점을 찾는 것은 키보드 배틀의 재미가 아니지요. 상대의 에토스, 상대의 캐릭터 를 비웃는 것이 키보드 배틀의 핵심이 된 이 사회. 가장 좋은 것은 바로 '낙인'을 찍어버리는 것이었습니다.

사실 사회에서도 번번히 일어나는 일이지요. 오히려

인터넷 커뮤니티 유저들은 이런 '낙인 찍기'에 신물이 난 집단일 가능성이 더 높습니다. 왜냐하면 한때 인터넷 커뮤니티를 이용하면 사람들이 마치 '일베'라도 들어가는 걸 본 듯한 표정으로 쳐다봤고, 인터넷에서 나온 담론은 모두 쓰레기인 것처럼 취급되었으니까요.

물론 그 당시에도 인터넷 담론을 이야기하는 책들은 있었으나, 저자의 의도가 어떻든 '웃긴 책' 수준의 이미지를 넘지 못했습니다. 또한 병리적인 구석에 집중하거나, 이해할 수 없는 대상에 대해 논하는 듯이 타자화하기에 급급한 경우도 많았지요.

그런 만큼 2010년대에 조금만 주류에 반하는 소리를 하더라도 듣게 되는 이야기가 바로 "너 일베해?"였습니다. 2010년대 초반에 탄생한 〈일베저장소〉는 급속도로 '사회악'이라는 이미지를 가지게 되었고, 〈일베저장소〉를 묘사할 때 꼭 나오는 표현이 '한 극단적인 인터넷 커뮤니티'였기 때문에, 인터넷 커뮤니티에서 나오는 말이 마치 극단적인 사회악처럼 취급되었지요.

이 당시 인터넷을 해보신 분들이라면, 그저 인터넷 커뮤니티를 한다는 이유만으로 〈일베저장소〉와 동일하게 취급을 받은 경험이 분명 있으실 겁니다. 사실 〈일베저장소〉에 가장 적극적으로 대항하고 싸우던 사람들이 바로 다른 인터넷 커뮤니티 유저들이었음에도 불구하고요.

개중에는 오히려 이런 이미지를 역이용하는 사이트도

있었지요. 〈일베저장소〉의 아버지뻘인 동시에 〈일베저장소〉의 유저들을 다시 받아들인 〈디시인사이드〉. 2010년대에 〈디시인사이드〉에서 벌어진 악행들은 전부 〈일베저장소〉의 악명에 묻혔습니다. 오히려 〈디시인사이드〉의 악행을 일베가 뒤집어 써 주기도 하였지요.

그렇기 때문에 〈디시인사이드〉에서는 이런 '프레임화'에 대한 억울함이 없었을 겁니다. 〈디시인사이드〉는 〈일베저장소〉와 성향이 가깝다고 할 수 있지만, 〈일베저장소〉만큼 '과몰입'을 하는 사이트도 아니었기에 〈일베저장소〉를 마구 비웃고 다녔거든요. 인터넷의 모든 것을 비웃는 냉소적인 인물상의 원조가 바로 〈디시인사이드〉였습니다.

〈디시인사이드〉는 그래서 일베가 악명을 떨치고 다닐 때도, 그들이 회군하여 디시로 돌아왔을 때도, 급격하게 인구가 불어났을 때도 딱히 어떠한 것에 소속감을 지니지 않았습니다. 그들은 여타 사이트들에 마음껏 프레임을 씌울 수 있었고, 모든 것을 무책임하게 증오할 수 있었습니다.

회군한 〈일베저장소〉 유저들은 '너 일베해?'라는 낙인과 프레임이 얼마나 고통스러운지 알았지만, 그들 역시도 타인에게 그 프레임을 들이민다면 전혀 나쁠 것은 없었지요. 애초에 〈일베저장소〉라고 해서 타 사이트에 대해서 프레임을 안 씌운 것도 아니였고요. 〈일베저장소〉에서 욕을 먹는 유저가 〈오늘의 유머〉 유저로 몰리는 것은 심심찮게 있었던 일입니다.

정치 과몰입이나 사이트에 대한 애정과 같은 '과몰입'이 조금이라도 있었던 〈일베저장소〉와는 달리, 〈디시인사이드〉는 그 프레임에 억울할 일도 없고 기분이 나쁠 일도 없었습니다. 그저 '너 일베야?'라는 프레임화가 얼마나 효과적인 키보드 배틀법인지를 흡수할 수 있었을 뿐이지요. 그 결과 사상 최악의 싸움법이 탄생하게 됩니다. 그 싸움법을 바로 이야기하기 전에, 조금 더 배경 설명을 하고 가보죠.

우리는 마이너 갤러리

1장에서 말한 것처럼 우리 사회는 수많은 집단으로 찢겨 나갔습니다. 자기가 주로 이용하는 사이트, 성별, 나이, 지역, 직업 등에 따라 우리는 무엇이든 상대의 치부를 집어낼 수 있게 되었지요.

과거에는 거대한 하나의 인터넷 사이트가 여론을 포집하는 경우도 있었습니다. 지금은 의미가 없어진 표현이지만, 한때 〈디시인사이드〉에는 수도라는 표현이 있었습니다. 2000년대 말에는 '코미디 프로그램 갤러리'가, 2010년대에는 '국내야구 갤러리'가, 지금은 '싱글벙글 지구촌 갤러리'가 일종의 '수도' 역할을 하고 있지요.

'수도'는 말 그대로 〈디시인사이드〉의 수많은 게시판

중 가장 유동인구가 많고 담론이 잘 형성되는 곳입니다. 하지만 2020년대에 들어서는 수도라는 표현이 거의 사용되지 않지요. 사람들은 더 이상 〈디시인사이드〉를 이용할 때 수도부터 찾지 않고, 게시판의 유저들도 수도 의식이 거의 존재하지 않습니다.

과거에는 '수도'라는 타이틀을 얻기 위해 꽤 많은 쟁탈전이 벌어졌습니다. '코미디 프로그램 갤러리'가 강성할 때도, '막장 갤러리'나 '패션 갤러리', '스타크래프트 갤러리' 등의 다른 게시판이 두각을 보였습니다.

마찬가지로 2010년대에 '국내야구 갤러리'가 수도 역할을 할 때도, '고전게임 갤러리'가 스스로를 '문화수도'라고 부르며 자부심을 드러냈지요. 물론 디시의 문화 자체가 깨끗하지 않기 때문에 문화수도[33]라고 자조를 보이기도 했었지만요.

더 이상 인터넷에 '수도'라는 것이 기능하지 않는 이유는 다양하게 있습니다만, 근본적으로는 사람들이 더 이상 단일한 욕구나 취향을 드러내지 않기 때문이지요. 과거에는 '코미디 프로그램 갤러리'나 '국내야구 갤러리'가 향하는 방향대로 〈디시인사이드〉가 얼추 굴러갔지만, 현재의 〈디시인사이드〉는 '싱글벙글 지구촌 갤러리'가 향하는 대로 굴러가지 않습니다.

2010년대 중반에 등장한 "마이너 갤러리" 시스템은

---

33   온갖 구정물 다 여기로 흐른다는 의미.

인터넷 커뮤니티에 하나의 혁신을 가져왔습니다. 기존의 커뮤니티 사이트의 '게시판'들은 운영자가 직접 개설하거나 삭제하는 시스템이었습니다. 당연하겠지요. 게시판 하나하나를 모니터링하는 인력을 구하는 것은 비용적으로 곤란할 테니까요.

그러나 '마이너 갤러리'는 유저가 자신이 원하는 주제의 갤러리를 생성하고, 스스로 관리하는 새로운 시스템이었습니다. 〈디시인사이드〉의 서버와 문화를 따르지만, 내적으로는 자유롭게 관리할 수 있는 시스템이었지요. 일종의 탈중앙화라고 볼 수 있겠죠.

'마이너 갤러리'는 〈디시인사이드〉의 중흥을 가져올 정도의 혁신이었습니다. 운영진 입장에선 관리 비용 없이 트렌드를 따라갈 수 있으니 좋고, 유저들 입장에선 자신이 원하는 주제를 자유롭게 논할 수 있으니 좋았습니다.

심지어 사이트 자체의 역동성도 증가했지요. 기존엔 갤러리를 이용하는 유저들의 불만이 응당 운영진에게 향했던 반면, '마이너 갤러리'를 이용하는 유저들은 자체적인 관리자와 분쟁했으니까요. 지금도 '마이너 갤러리' 안에서는 격렬한 권력투쟁이 일어나고 있답니다.

마이너 갤러리 시스템은 마치 선생님이 반장에게 자치를 맡기듯 혹은 지배자가 피지배자에게 관리를 맡긴 듯한 모양새라는 비판도 있습니다. 실제로 유저들이 마이너 갤러리의 관리자 유저를 부르는 명칭도 완장이지요.

완장을 차고 행패를 부린다는 듯한 부정적 명칭입니다.

어쩌면 운영진이 책임감을 내려놓는 비겁하고 방만한 운영이라고 볼 수도 있겠지만, 마이너 갤러리 시스템은 엄청난 대성공을 거두게 됩니다. 〈일베저장소〉 혹은 〈FM 코리아〉로 향하던 젊은 남성 유저들이 다시 〈디시인사이드〉로 회군하게 된 결정적 이유이기도 하지요.

친목과 좆목 사이

반향실 효과라는 것이 있습니다. 사방이 막힌 공간에서 소리를 치면 메아리가 증폭되어 더 크게 들립니다. 그리고 이제 그 공간이 실제 공간이 아닌 인터넷 공간이라고 상상해 보는 겁니다. 인터넷 커뮤니티는 이러한 반향실 효과를 매번 증명합니다.

폐쇄된 집단 내에서 하나의 목소리가 거대해지는 효과. 그것은 커뮤니티가 위험해지는 지름길입니다. 그래서 커뮤니티에는 꾸준히 신규 멤버가 유입되어야 하고, 기존의 멤버 중 몇몇은 사라져야 합니다. 그건 인터넷 커뮤니티에서도 마찬가지이지요.

하지만 뚜렷한 목적성을 띠는 커뮤니티가 아닌 이상, 커뮤니티에 꾸준히 신규 멤버가 유입되는 것은 어렵습니다. 특히 '잡다한 주제'를 다루는 인터넷 커뮤니티의 경우 더욱 어렵지요. 기존 멤버가 사라질 이유도, 새로운 멤버가 유입될 이유도 없으니까요.

　　반대로 '게임 커뮤니티' 등을 생각해 보면 생각보다 건전하게 잘 유지된다는 것을 알 수 있습니다. 그 게임에 대한 이야기를 하고 싶어서 꾸준히 멤버가 새로 들어오고, 기존 멤버들은 질려서 게임을 접어버리니까요.

　　이런 커뮤니티 구조에서 절대 사라질 수 없지만, 지양되어야 하는 것이 있습니다. 바로 "친목질"입니다. 커뮤니티에 인간이 모이는 이유가 서로 친하게 지내기 위해서인데, 친하게 지내는 것을 지양해야 한다는 것이 역설적이죠. 그러나 지금도 많은 인터넷 커뮤니티들이 친목질을 적극적으로 틀어막고 있습니다. 왜 이런 현상이 일어날까요?

　　친목질은 그 자체로 그 집단을 고이게 만듭니다. 만화가 마사토끼 님의 '재미'에 대한 이야기가 있습니다. "어제 아무리 재미있는 개그맨의 연기를 보아도, 오늘 학교에서 들은 선생님의 성대모사보다는 재미가 없을 것이다. 공감대가 넓으면 넓을수록 공감을 찌르기는 쉬워지지만 재미는 반비례하여 줄어들고, 공감대가 좁으면 좁을수록 그 재미를 맞추기는 어려워지지만 재미는 기하급수적으로 올라간다."

　　사실 커뮤니티에서 친목질을 하게 되는 이유도 이와 같지요. 이 커뮤니티 내에서만 굉장히 재미있는 표현이 생겼다고 생각해 봅시다. 가령 이땃쥐라는 표현이 있다고 가정해 볼게요. 그냥 만화 〈나루토〉의 등장인물 이타

치랑 땃쥐를 합친 표현입니다.

어떤 커뮤니티 사이트에서는 이 표현을 엄청나게 웃기게 생각합니다. 이유는 다양하게 있겠죠. 이 표현을 처음 한 사람이 굉장히 호감인 인물이라든지, 이 표현이 나온 상황 자체가 웃겼다든지….

그리고 이미 이 표현을 아는 사람들은 하나의 이너서클을 이루게 됩니다. 서로 대화를 할 때 '땃쥐'라는 표현을 넣어서 사용하기도 하고요. 하나의 '이땃쥐'라는 표현이 여러 파생 표현을 만들어냅니다. '돈 땃쥐 미'라든지, '맘스 땃쥐'라든지….

이런 표현이 내부에서 재생산될수록 그 커뮤니티의 기존 유저들은 굉장한 재미를 느낄 것입니다. 하지만 신규 유저들은 이 집단에 섞이기 어렵겠지요. 특히 '이땃쥐' 류의 개그는 설명하는 순간 재미가 없어지는 개그이기 때문에, 무엇이 재미있는지조차 이해하지 못할 겁니다.

'친목질'의 위험은 근본적으로 이와 같습니다. 기존 유저의 재미과 결속력을 올리는 대신 신규 유저의 참여를 어렵게 만드는 방향이지요. 고인 물은 썩는다는 표현처럼 기존 유저들은 서서히 사라지겠지만 '이땃쥐'만은 꾸준히 남아서 그들을 고이게 만들 것입니다.

위의 이야기는 좀 보편화하여 이야기한 것이고, 특수한 문제들도 발생하곤 합니다. 가령 인터넷 커뮤니티에서 서로 친해지면 실명을 부르는 사이트들도 과거엔 있었습니다. 하지만 유저들끼리 서로 실명을 부르다 보면, 커뮤니티의 닉네임이 유명무실해지겠지요. 누가 누구를 부르는 것인지조차 이해를 못 하게 될 것입니다.

네임드화라는 것도 문제입니다. 특정 유저가 네임드화가 되면 다른 유저들이 박탈감을 느낍니다. 네임드인 유저는 게시판과 아무 상관없는 글을 써도 댓글이 우수수 달리고, 네임드가 아닌 유저는 게시판에 맞는 좋은 글을 써도 종종 무시당합니다.

구성원들이 모두 친하다면 그나마 문제가 덜할지도 모르지만, 인터넷 커뮤니티 내부의 친목도 인간사인지라 늘 긍정적으로만 돌아갈 수는 없습니다. 내부에서 파벌이나 적대관계가 생기면 굉장히 곤란해집니다. 사실 어떠한 친목 그룹이 탄생하면 그걸 고까워하는 사람은 무조건 발생하기 때문에 일종의 필연이기도 합니다.

특정 네임드를 중심으로 한 친목 그룹이 활성화되면 그 게시판 전체가 그 그룹에 의해 좌지우지되는 경우도 빈번합니다. 특정 네임드와 친목을 하지 않는 그룹은 사이트에서 쫓겨나기도 하지요. 아예 유입된 신규 유저의 질문이나 이야기엔 관심을 끊어버리기도 하고요.

그래서 친목질을 혐오하는 사람들을 중심으로 친목을 좀 심한 표현으로 "좆목"이라고 부르기도 합니다.

분탕

아무리 인터넷의 친목이라지만, 역시 이성은 호기심을 불러일으키는 법. 남초 사이트에 있는 여성 유저나 여초 사이트에 있는 남성 유저는 담론의 중심에 서기 쉽습니다.

여성들은 여초 집단 내에 있는 적은 남성을 꽤 잘 제압하는 편이지요. 대학의 여초과나 여초 직장을 다녀본 사람들은 이헤할 것입니다. 남성이 소위 여미새[34]라고 불리는 여자를 과하게 좋아하는 사람을 혐오하는 농도와 여성이 소위 '남미새'라고 불리는 남자를 과하게 좋아하는 사람을 혐오하는 농도의 차이가 꽤 크잖아요.

그러다 보니 여초 커뮤니티 내의 남성 유저는 빠르게 짓밟히는 편이었습니다. 오타쿠 계열 여초 커뮤니티에서는 일부러 남성 유저의 동인 행사 참가를 차단하기도 하고, 남성 오타쿠가 사건이라도 일으키면 빠르게 실어 나르며 남성 유저를 적대시하기도 했지요. 실제로 여초 커뮤니티 내의 남성 유저들이 받는 관심을 이용해 성적으로 불미스러운 일이 일어나는 경우도 있었고요.

꼭 남성만이 여초 커뮤니티의 적은 아닙니다. 더 넓은 범위에서 셀털이라는 것을 금지하는 경우가 대다수이지요. 셀털이란 '셀프 털이'입니다. 자신의 신상, 정보 등을 커뮤니티에 털어서 그것으로 담론을 이어 나가는 것을 의미하지요.

[34] 여자에 미친 새끼. 너 나 우리를 뜻한다.

'셀털'을 하는 순간 그 유저의 개인정보로 대화를 하게
되고, 그 커뮤니티의 신규 회원은 특정 유저의 개인정보
를 모르면 대화를 할 수 없다고 생각하게 됩니다. 그런 이
유에서 대부분의 여초 커뮤니티들은 '셀털'을 금지하고
있지요. 여초 커뮤니티를 이용할 때 앞에 ㅅㅌㅁㅇ이라
는 의미 불명의 자음을 보신 분도 계실 겁니다. '셀털 미
안'이라는 뜻입니다.

이와 같이 남초 커뮤니티에서도 '여성 유저'가 자신을
드러내는 것 자체가 분란을 만든다고 생각하는 사람들이
늘어나기 시작합니다. 소위 여왕벌 문제라고 하는 것입니
다. 수많은 일벌을 거느리는 여왕벌처럼, 여성이라는 것을
드러내서 대우를 받고 싶어 하는 것을 일컫는 말입니다.

본인에게 그런 의도가 있건 없건, 특정 유저가 여성이
라는 것이 드러나면 많은 남자들이 꼬입니다. 이성에 대
한 관심은 분란을 만들지만 그것을 제한할 수는 없는 일
입니다. 실제로 여왕벌로 불리는 몇몇 유저들이 자신의
무기를 마음껏 뽐낸 케이스도 적지 않았기에, 남초 커뮤
니티에서 여성 유저들은 분란의 싹이라는 타이틀을 안고
가야 했습니다.

친목질과 여왕벌, 셀털 등을 가장 체계적으로 때려잡
은 사이트는 〈일베저장소〉입니다. 많은 커뮤니티들이 〈일
베저장소〉의 사상과 행동을 혐오했지만, 2020년대 현재
〈일베저장소〉의 '규칙'에 영향을 받지 않은 사이트는 없

습니다. 〈일베저장소〉는 철저히 친목질과 셀털을 배척했으며, 여성유저의 출현도 막았습니다. 꽤 충격적인 단어인 "보밍아웃"이라는 표현을 적극적으로 사용하면서요.

자신이 숨겨왔던 비밀을 드러낸다는 뜻인 '커밍아웃'과 여성의 성기를 비속하게 표현하는 단어를 합친 표현입니다. 꽤 수치스러운 표현인 '보밍아웃'뿐만 아니라, 혹시라도 그런 행위를 한 유저는 아예 암베충이라는 표현으로 불렸습니다. 이런 충격적인 대우를 받는 마당이니, 여성유저는 자신이 여성임을 드러내고 싶지도 않았겠지요?

실상은… 그렇지만은 않았습니다. 〈일베저장소〉의 규칙은 가장 선진화된 규칙으로 많은 인터넷 사이트들에 영향을 주었지만, 현재도 여왕벌은 존재하고 셀털은 흔히 일어납니다. 인간의 내면에는 교류에 대한 욕구, 그리고 관심을 갈구하는 본성이 있기 때문이겠지요.

여성 유저임을 드러내는 것을 가장 심각하게 때려잡은 〈일베저장소〉에서도 암베충이라고 불리는 여성 유저들은 끊임없이 스스로를 드러냈습니다. 오히려 강하게 탄압했기 때문에, 가뭄에 콩나듯 탄생하는 여성 일베 유저에게 더 큰 관심이 향하기도 했지요.

넷카마라고 불리는 인터넷의 여성 흉내도 심심하면 발각되는 일 중 하나였습니다. 일본어로 여장남자를 의미하는 오카마와 넷의 합성어입니다.

친목질과 네임드화를 극렬하게 때려잡기 전과 후에는

양상의 차이가 있습니다. 일베의 '규칙' 이전에는 너무 자연스럽게 악플러 몇몇을 모아 코갤 네임드[35] 등으로 불렀던 반면, 요즘은 그런 식으로 유저를 분류하는 경우가 거의 없지요.

현재는 셀털 등을 하는 유저를 고깝게 보는 것이 내면화되어 있습니다. 기존에는 '게시판의 분위기를 흐리면서 시비를 걸고 다니는 유저'가 분탕으로 몰렸지만, 요즘에는 '게시판에서 자신을 과시하고 드러내려고 하는 유저'가 더 분탕으로 몰리지요.

그러나 여전히 인터넷엔 네임드 유저들이 있습니다. 그들은 스스로가 네임드라는 것을 절대 과시하지는 않지만, 여전히 큰 관심을 받습니다. 인터넷 커뮤니티 관리자들에겐 엄청나게 곤란한 문제입니다. 모든 친목 활동들을 때려잡으면 커뮤니티의 존재 이유가 없고, 그렇다고 친목을 풀어놓으면 커뮤니티가 망해버립니다.

그래서 인터넷 커뮤니티 유저들은 그 사이 어딘가를 표류하고 있습니다. 인간사가 다 그렇잖아요? 문제로 삼으면 문제가 되지만 문제로 삼지 않으면 문제가 되지 않죠. 그 애매하기 그지없는 위치에서 여전히 우리는 관심을 갈구하고 자신을 과시합니다. '분탕'이 되지 않는 영역에서 말입니다.

---

35   디시의 '코미디 프로그램 갤러리'의 네임드를 의미.

가면놀이에 과몰입 ㄴ

'네임드화'도 '셀털'도 안 됩니다. 더 나아가서 인터넷 커뮤니티에선 아예 '소속감'도 보여서는 안 되죠. 만약 누군가 우리 사이트나 커뮤니티가 다른 커뮤니티보다 우월하다는 듯이 말하는 사람이 있다면, 누구보다 빠르게 내부에서 린치를 가합니다. 너 지금 근속감[36]을 보인 것이냐고요.

특히 이런 류의 규칙은 인터넷 방송 시대가 되면서 더욱 강화되었습니다. 인터넷 방송의 방송인과 시청자는 실로 미묘한 관계를 형성하지요. 내 방송을 봐주는 고마운 존재인 동시에, 조금이라도 그들을 대우해 주는 순간 '특별한 존재'로 인식되고 싶어 하는 과몰입의 괴물.

인터넷의 논란 그 자체인 인물이지만, '카광'의 만화 〈나만의 작은 스트리머〉라는 만화도 인터넷 세상을 뒤흔들어놨습니다. 이 만화의 주인공은 시청자가 적은 스트리머를 쥐고 흔드는 재미로 살아가는 인물입니다. 쥐흔이라는 표현 역시 자주 사용되는 표현이지요. 인터넷 방송의 시청자가 돈 혹은 정을 내세워 방송인을 마음대로 조종하려고 할 때 쓰이는 표현입니다.

자신이 좋아하는 방송인을 '쥐흔'하기 위해서 좋아하는 스트리머의 논란, 문제점 등을 저장해놓습니다. 그것으로 방송인을 고립시키고 '나만의 작은 스트리머'로 만

---

36   꼴보기 싫은 것 앞에 -근-을 붙이는 것은 고구려시대부터 내려온 유구한 전통이다.

드는 것입니다. 이런 음습한 행동 전반을 나작스(나만의 작은 스트리머)라고 부르기도 하지요.

이 만화를 전후로 인터넷 방송을 보는 사람들을 예비 '나작스' 정도로 취급하는 정서가 널리 퍼졌습니다. 실제로 많은 방송인들이 이런 '과몰입 혹은 쥐흔'에 시달리기도 했고요.

때문에 인터넷 커뮤니티가 셀털, 네임드화를 금하듯, 인터넷 방송 역시도 위와 같은 행위를 금하고 있습니다. 물론 인터넷 방송은 수익과 직결되어 있기에 인터넷 커뮤니티보다는 제재의 수위가 약한 편입니다만, 공통적으로는 내세우는 것은 역시 "과몰입 ㄴ"지요.

"인터넷에서 일어나는 일들은 그저 장난, 놀이일 뿐이다. 내부에서 일어나는 일들에 큰 의미를 두지 말라"는 가치를 담은 '과몰입 ㄴ'는 실상은 꽤나 역설적인 표현입니다.

애초에 '과몰입 ㄴ'라는 말이 나온 그 집단은 인터넷을 절대 장난 혹은 놀이로 받아들이지 않고 있을 것입니다. 더 나아가서 애초에 의미를 두지 않는 것이 당연했다면 금지를 할 이유도 없었겠지요. 살인이 일어나지 않는 것이 당연했다면 살인죄가 없었을 것이란 것과 똑같은 말입니다.

인터넷 커뮤니티 유저들은 굉장히 복잡한 상황인 것이죠. 말 그대로 모순적인 상황에 처해 있기 때문입니다.

'친목 혹은 관계욕구'가 없는 것이 좋은 것이라면 애초에 인터넷 커뮤니티를 할 이유가 없겠지요. 하지만 인터넷 커뮤니티를 하면 '과몰입'을 해선 안 됩니다.

유저들은 소속감을 느끼고 싶어서 커뮤니티를 하지만, 소속감을 느끼는 티를 내선 안 됩니다. 그들의 집단을 사랑하면서도 사랑하는 것처럼 보여선 안 됩니다. 좋아하는 집단에 일부러 심술을 내고, 진심을 담은 이야기도 전부 장난처럼 취급해야 합니다.

그래서 유저들은 가면을 씁니다. '내가 지금부터 하는 말들은 전부 장난이야'라는 가면이죠. 그것을 서로 이해합니다. 우리가 하는 것은 전부 프로레슬링과 다를 바 없다고 표현합니다. 가짜의 가면을 쓰고 가짜 관계성으로 스스로의 관계 욕구를 만족시킵니다.

그것이 "가면 놀이"입니다. 실제 자신의 감정과는 아무 상관 없는 사회적 행위를 일컫습니다. 특히 '리그 오브 레전드 갤러리' 등에서 자주 쓰이는 표현인데요, 게임 〈리그 오브 레전드〉의 프로게이머들을 응원하거나 비방하는 게시물이 자주 올라오는 게시판입니다. 줄여서 롤갤이라고 부릅니다.

롤갤의 유저들은 '가면 놀이'를 아주 일상적으로 받아들입니다. 자신이 좋아하는 팀이어도 대세에 따라서 비웃으러 가기도 합니다. 혹은 자신이 싫어하는 팀이어도 남들이 열받으라고 찬양하기도 합니다.

특정 유저를 <u>호감고닉</u>이라고 부르는 행위도 있습니다. 당연히 그를 호감으로 여겨서가 아닙니다. 사람들의 '심술'을 자극하기 위해서지요. 특정인을 찬양하고 네임드화 하는 것은 커뮤니티 사이트에서의 금기입니다. 하지만 여성 유저들이 여왕벌의 멍에를 안고 사라졌듯이, 보기 싫은 특정 유저를 사라지게 만드는 방법으로 네임드화는 적극 이용되고 있습니다.

이런 인터넷 커뮤니티의 특성을 아예 <u>가면무도회</u>라고 부르는 경우도 있습니다. 저도 동의하는 편입니다. 인터넷에서 가면을 쓰지 않는 것은 촌스러운 행위이며, 가면을 쓰고 세상의 모든 것을 비웃고 조소하는 것이 가장 '쿨한 행위'이기 때문이지요.

이런 특성은 여초 사이트보다는 남초 사이트에서 많이 나타나는 현상입니다. 남초 사이트들이 스스로 자조하듯, 남성 유저들이 보통 심술이 더 많기 때문입니다. 내 집단이라고 하더라도 과몰입이나 선민의식은 참을 수가 없습니다. 그래서 가면을 쓰고 자기 집단을 마구마구 비웃기도 하지요.

이렇게 다 같이 가면무도회를 즐기고 있을 때 누군가가 진짜로 화를 내거나, 짜증을 내면 드디어 우리는 그 말을 쓸 수 있는 겁니다.

"과몰입 ㄴ. 긁?"

지금까지 한 이야기는 내집단 내에서 하는 이야기였습니다. 사실 마이너 갤러리의 탄생과 함께 인터넷엔 수많은 외집단과 적대집단이 생겨났지요. 이제부턴 그 이야기를 좀 해봅시다.

특정 집단에 대한 부정적인 스테레오타입을 강화하는 표현들이 있습니다. 인터넷 시민들은 철저히 비꼬는 의미에서 그것들을 '명언'이라고 부르지요. 가령 일베의 명언에는 이런 게 있습니다.

"언론을 믿지 마, 일베를 믿어."

'〈일베저장소〉의 폭식 시위' 때 등장했던 표현입니다. 세월호 참사 피해 유가족들의 단식 시위를 조롱하기 위한 맞불 집회인 '폭식 시위'에 피자와 치킨 등을 후원했던 사업가 유저가 남긴 말이지요.

이 말은 엄청난 인기를 얻으며 인터넷 세계에 퍼져나갔습니다. 99%는 조롱의 의미에서요. 1장에서도 언급했듯 〈일베저장소〉는 팩트, 논리 등을 외쳐왔던 사이트였습니다. 하지만 불리한 처지가 되거나, 뉴스가 자신 편을 들어주지 않을 때는 외부 정보를 믿지 말라고 주장하다니요.

애초에 '폭식 시위' 자체가 〈일베저장소〉 내에서도 반응이 좋지 않은 시위였습니다. 심지어 지금도 인터넷의 보수 유저들은 이 '폭식 시위'를 악의 축처럼 생각하지요. 젊은 남성들이 보수적인 가치를 내걸고 집회를 하는 것을 혐오스럽게 느껴지게 만든 원흉이라고 말입니다. 지금도 종종 인터넷 커뮤니티에는 '폭식 시위' 참가자들의 외모를 거론하며 비웃는 경우가 허다합니다.

〈일베저장소〉에 "언론을 믿지 마. 일베를 믿어"라는 명언이 퍼져나간 것처럼, 인터넷의 각 사이트들에는 이런 명언들이 있습니다. 엥? 완전 개념사이트 아니냐?[37]라는 말은 〈오늘의유머〉 특유의 선민의식이나 감성을 보여주는 명언이었지요.

인터넷을 잘 모르는 아버지에게 〈오늘의유머〉라는 사이트가 어떤지 물어봤더니, 굉장히 작위적인 말투로 "엥? 거기 완전 개념사이트 아니냐?"라고 대답했다는 게시물을 비웃으며 탄생한 말이지요.

인터넷 커뮤니티 사이트뿐만 아니라 특정 집단을 비웃는 '명언'들도 있지요. 오타쿠를 상징하는 표현이라고 하면 역시 이봐요 미친놈씨[38]일까요. 누군가 게시물에 "오타쿠"라고 '가성비 댓글'을 달자, 거기에 달린 장문의 대댓글이 "미친놈씨"로 시작했다는 점에서 널리 퍼져나간 표현입니다. 이것도 일종의 돌림노래가 되기도 했죠. '이봐요 언더더씨', '이봐요 포도씨유' 등등….

37　인터넷을 잘 모르는 아버지께서 〈오늘의 유머〉는 칭송했다고 하는 글에서 나온 명언.

38　오타쿠라는 '가성비 댓글'을 본 한 유저가 긁혀서 쓴 표현. 원문엔 '이봐요'가 없다.

이런 조롱은 내집단과 외집단을 분리할 때 많이 사용되었습니다. 여초 커뮤니티가 당당한 인터넷의 플레이어로 올라왔을 때는 〈여성시대〉의 명언이 발굴되었지요. **나여시 못 잃어, 민주주의 못 잃어, 대한민국 못 잃어**[39]라는 명언은 〈여성시대〉를 관통했습니다. 〈여성시대〉라는 커뮤니티가 마치 대한민국의 중요한 한 축인 양 생각하는 소속감을 비웃었지요.

하지만 이 모든 '명언 비웃기'는 외부의 대상을 보고 낄낄대는 것이었습니다. 2010년대에 가장 유행했던 방식이지요. 최신 트렌드는 '내부의 적'을 찾아내는 것입니다. 1장에서 설명드렸던 '부털'과 비슷한 방식이지요.

그리고 2020년대 한국 최대 규모 인터넷 커뮤니티인 〈디시인사이드〉가 내부의 적으로 지목한 것은 〈루리웹〉이었습니다. 〈루리웹〉은 〈디시인사이드〉와 비교적 나이대도, 관심사도 겹치는 사이트였지만 성향이 조금 차이가 있었거든요. 아예 정반대의 차이가 있는 사이트였다면 외부의 적을 조롱하듯 놀렸겠지만, 〈루리웹〉 유저들은 〈디시인사이드〉에 잘 녹아들 만큼 비슷했다는 점이 더 큰 문제였습니다.

그래서 〈일베저장소〉 이용자가 '일베충', 〈오늘의유머〉 이용자가 '씹선비'라고 불렸던 것과는 달리, 〈루리웹〉 유저들의 비하 용어는 근첩으로 잡혔습니다. 루리웹이 ㄹ

39　여성시대가 비판의 대상이 되자 올라온 명언

ㄹ웹으로 불리고, ㄹㄹ웹이 **야민정음**[40]을 거쳐 근근웹으로 불리는 단계를 넘어, "-근-"이라는 표현 자체가 루리웹을 뜻하는 표현이 되었지요.

〈루리웹〉 유저 자체를 '루리웹 첩자'라고 부르는 것이 아닙니다. 2020년대에 들어서면서 외부 사이트는 모조리 적대하고 내부의 적을 찾는 것이 유행이 되었기 때문에, '〈디시인사이드〉 내부의 〈루리웹〉 이용자'만을 '루리웹 첩자'라고 부릅니다.

〈루리웹〉 유저에 대한 박해는 나이대와 성별, 관심분야는 겹치지만, 정치성향이나 사상 등이 달랐던 것이 주된 이유였습니다. 〈루리웹〉은 꽤 유명한 친문 계열 사이트입니다. 〈디시인사이드〉는 반대로 반문이었지요. 〈루리웹〉과 〈디시인사이드〉는 둘 다 오타쿠였지만, 〈루리웹〉에선 유달리 반일 분위기가 강했습니다.

물론 처음에는 이렇게 〈디시인사이드〉 내의 루리웹 유저를 검거하는 데에 사용되는 표현이었지만, '근첩'이라는 표현은 이내 다른 방향으로 활용되게 됩니다. 내부의 적 혹은 나와 다른 생각을 하는 모든 사람을 '근첩'이라고 표현하기 시작했지요. 이런 현상을 기가 막히게 짚어낸 명언이 하나 있습니다.

---

40   원래는 '국내야구 갤러리(야갤)+훈민정음'의 혼성어이다. 이후 한글 자모를 모양이 비슷한 것으로 바꾸어 단어를 다르게 표기하는 인터넷 밈을 총칭하는 말을 지칭하게 되었다.

"근첩 = 나와 생각이 같지 않은 사람, 할리갈리마냥 먼저 외치면 됨"

근첩이라는 '적대적 부족'을 만들어내는 현상은 꽤 이해하기 쉬운 일입니다. 하지만 그들을 지칭하는 '-근-'이라는 표현은 이해하기 어렵지요. 사실 '-근-'이라는 표현은 〈루리웹〉 유저를 위해 만들어진 게 아닙니다. 특정 집단을 하이픈 사이에 넣어 지칭하는 것이 멸칭이 된 것은 그 전부터 일어난 일이거든요.

인터넷에서 현명하게 키보드 배틀을 하는 법을 우리는 체득했습니다. 절대 몰입하지 않고, 상대의 집단을 캐치해서 조리돌림하는 것이지요. 실제로 상대가 그 집단이 아니더라도 상관없습니다. 인터넷에서의 토론은 상대가 아닌 관객을 설득하는 것이니까요.

인터넷의 불특정 다수에게 내가 상대하고 있는 이 사람이 얼마나 한심한 인간인지를 보여줘야 합니다. 혹은 우리와 적대적인 정체성을 지니고 있는 사람이니 배척하자고 선동하는 것이 필요하지요. 대표적인 예시가 바로 "너 일베해?"입니다.

〈디시인사이드〉 유저들은 이것을 이용했어요. 인터넷의 최대 빌런이 〈일베저장소〉가 된 사회에서, 자신들의 악행이나 곤란한 행동들을 뒤집어씌우기 시작합니다.

〈일베저장소〉와 〈디시인사이드〉를 제대로 분간하지 못했던 때였던 지라, 이 작전은 매우 잘 먹혀들어 갔지요.

　자의 반 타의 반으로 〈일베저장소〉의 이미지는 더욱 나빠졌고, 〈디시인사이드〉는 그 뒤로 숨어들어 갈 수 있었습니다. 이것을 "일기방패"라고 부릅니다. 〈일베저장소〉를 고기방패처럼 이용한다는 뜻이지요.

　조금 지나서 또 다른 사건이 터집니다. 〈여성시대〉라는 네이버 카페의 유저들이 자신들이 볼 음란물을 〈SRL 클럽〉이라는 외부사이트에 업로드해서 이용하고 있었음이 2014년에 밝혀졌지요.

　이 사건은 대한민국 인터넷에 남녀갈등을 불러오게 되는 거대한 서막이 됩니다. 사실 이 사건 이전부터 〈여성시대〉는 대내외적 홍역을 앓고 있었고, 유저들은 처음 겪는 분쟁에 자신들의 이미지를 지키기에 급급했습니다. 그것을 위해 〈여성시대〉는 여러가지 조작 혹은 타 사이트에 뒤집어씌우기를 하기도 했지요.

　'일기방패'와 〈여성시대〉의 조작 사건이 동시에 터져 나오던 2010년대 중반은 인터넷 유저들에게 거대한 울림을 줬습니다. 인터넷 커뮤니티에 '소속감'을 가진 사람이 있다는 것을 확인한 것은 엄청난 충격을 줬지요. 그리고 자신의 커뮤니티를 위해서 어떤 일도 불사하는 사람들이 있다는 것 역시도 우스운 일이었습니다.

　또한 그렇게 애지중지 여기는 커뮤니티의 이미지를

가면놀이 혹은 뒤집어씌우기로 망쳐버릴 수 있다는 것 역시도 재미난 부분이었습니다. 상대 집단의 특성을 망가뜨리거나, 그들의 '괴담'을 유포하는 것은 하나의 놀이가 되었습니다.

그렇게 한국에 있는 모든 집단에 어떠한 낙인을 찍고 나면, 한 유저가 하는 말에 그 낙인을 새겨주는 것이 유행이 되었습니다. 가령 주류 의견과 다른 이야기를 하는 유저의 댓글 밑에 대댓글로 '근첩'이라고 달아주면, 그것만으로 '가성비 댓글'이 되는 데다가, 다른 유저들의 동조까지 얻을 수 있었지요.

그러다 보니 굳이 근첩이라는 글을 다 쓸 필요가 없었던 겁니다. 댓글에 '찐', '틀', '급', '근' 등의 한 글자만 써도 충분히 열받게 할 수 있었으니까요. 한 글자만 달면 또 심술이 덜 날 수도 있으니까, 굳이 하이픈까지 넣으면서 강조의 표시를 하기로 합니다. 여러분의 댓글 밑에 -찐-이라는 댓글이 달려있다고 생각해보세요.

하이픈만으로는 열이 덜 받을까 봐 ^찐^으로 표시하기도 합니다. 〈리그 오브 레전드〉의 마스코트인 '티모'의 눈모양이 굉장히 열받는다는 점에서 착안한 아이디어죠. 오히려 요즘은 하이픈 쪽보다도 '^찐^' 쪽이 더 자주 쓰이는 모양새입니다.

「 나 슼갈인데 」

특정 집단을 조롱하거나 '가면놀이'를 해서 이미지를 박살 내는 것은 여러 곳에서 확인할 수 있지요. '가면놀이'의 예시였던 '리그 오브 레전드 갤러리'가 대표적이었습니다. 페이커 선수로 유명한 'SKT T1'의 팬덤을 조롱하는 표현 "슼갈"이 유명하죠. 페이커 선수가 워낙 유명하다보니 'SKT T1'의 팬덤에 여성 팬이 많다는 것을 조롱하는 표현입니다.

실제로 '슼갈'이 그런 행동을 했든 하지 않았든 상관없습니다. 그들을 욕 먹이기 위해서 '슼갈'인 척하고 행동하면 되니까요. 이런 것은 일종의 템플릿[41]이 되기도 했습니다. 앞 부분에 주절주절 혐오스러운 문장을 써놓은 뒤,

"나는 참고로 호날두랑 페이커 그리고 문재인 대통령님을 좋아해!"

라고 자신이 싫어하는 대상을 써놓는 것까지가 템플릿이었지요. 그러면 댓글에선 으레 이렇게 반응합니다.

"역시 호날두 팬"

"사랑은 역시 슼평"

여기서 나온 "XX는 역시 X평"이라는 표현 역시 일종의 밈이 되었습니다. X평은 특정 집단의 평균을 의미하는 표현이에요. 가령 '마이너 리뷰 갤러리'라는 사람의 팬을 표

---

41   문서 양식. 반복적으로 사용되거나 변주되는 긴 줄글 형식의 밈을 템플릿이라고 부른다.

현한다면 '마평'이라고 말할 수 있겠지요.

이런 팬덤 놀이는 프로 스포츠 등에서만 할 필요는 없겠지요. 20대 남성들은 자신이 하는 게임으로 갈라지곤 했습니다. 특히 RPG 유저들이 잘 분열하는 편이었지요. 〈메이플스토리〉, 〈던전앤파이터〉, 〈로스트아크〉의 3가지 메이저 RPG 게임은 '메던로'라는 표현으로 묶이기도 합니다.

〈리그 오브 레전드〉 혹은 〈오버워치〉처럼 대부분이 즐겼던 게임은 갈라치기를 하는 재미가 떨어졌어요. 누구나 그 게임을 즐긴다면 조롱하기도 어려워지지요. 오히려 〈리그 오브 레전드〉를 안하는 쪽이 이상한 쪽으로 몰리기 쉬웠고요.

하지만 RPG는 특성상 한 게임을 하면 다른 게임을 하기 어려웠습니다. 또한 RPG라는 것 자체가 과몰입을 유도하기도 쉬웠죠. RPG는 쏟아부은 시간과 돈이 아까워서 빠져나가지 못하는 구조인 경우가 많습니다. 게임 자체가 매몰비용의 함정인 셈이지요.

또한 신규 유저가 들어오지 않으면 곤란한 구조인 경우도 있습니다. RPG의 목적이 '과시'에 있다면, 그 과시를 보고 대단하게 여겨줄 신규 유저는 필수적이겠지요.

자기가 하는 게임이 유저들을 기만하거나 속였을 때, 과거에는 집단적으로 게임사에 분노를 표출하는 게이머들이 많았습니다. 하지만 신규유저가 그것을 보고 게임에 진입하는 것을 꺼리는 문제와 자신들의 게임 내 재화의 가치가 휘청이는 것을 보며 최근에는 그런 행동도 자중하는 모습을 보이기도 합니다.

　게임이 잘못을 하면 유저들에게 주는 사과의 보상을 사료라는 멸칭으로 칭하기도 하지요. 유저들 스스로 자신들을 개돼지 취급을 하는 것입니다. '그들이 우리를 속였지만 사료 하나 던져주면 금방 잊어버릴 것이다'라는 생각입니다.

　심지어 2024년 현재는 WWE라는 개념도 활개 치고 있습니다. 우리는 그저 화난 척을 했을 뿐이고, '사료'를 던져주라는 액션을 취할 뿐이라는 이야기이지요. 프로레슬링이 모두 짜고 치는 연극이듯, 유저들이 게임사에 화가 난 양 보상을 요구하는 것도 일종의 연극에 불과하다는 조롱입니다.

　'사료'는 던져줄 정도로 게임사가 심각하게 받아들여야 하지만, 사실은 'WWE'이기 때문에 신규 유저가 끊길 정도의 심각한 일이어선 안된다니… 굉장히 어려운 요구를 하고 있지요.

그건 네가 '그 게임'이라

자신의 게임에 대한 애정도가 높아지는 만큼, 다른 게임에 대한 조롱도 활개쳤습니다. 이런 조롱에서 가장 큰 타격을 입은 것은 〈던전앤파이터〉, 소위 '던파'로 줄여 부르는 게임이었지요.

〈던전앤파이터〉유저들이 유달리 사회성이 떨어진다거나, 현역으로 군대를 갈 수 없는 정도의 문제가 있다는 농담은 과거부터 있었습니다. 특히 〈던전앤파이터〉유저가 유달리 뚱뚱하다는 이미지도 있었고, 〈던전앤파이터〉대회에 사회복무요원이 대거 나왔다는 이야기도 있었지요.

이런 이미지 때문에 〈던전앤파이터〉는 한때 공익겜으로 불렸습니다. 정확히는 정신과 문제로 공익이 된 사람을 특정하는 정공겜으로요. 거의 5년 넘는 세월 동안 이런 프레임을 받아왔던 〈던전앤파이터〉유저들은 자조를 내면화할 정도로 혐오에 익숙해져 있었습니다.

그런데 꽤 충격적인 사실이 발견됩니다. 사실 〈던전앤파이터〉에서 일어났다고 알려진 수많은 사건들이 경쟁 게임인 〈메이플스토리〉의 유저가 한 것이라는 사실이 확인된 것이지요.

〈메이플스토리〉에 관한 나쁜 뉴스나 보도를 전부 〈던전앤파이터〉로 바꿔서 재배포하는 현상을 본 사람들은 엄청난 충격을 받았습니다. 다른 게임의 이미지를 떨어트리기 위해 흑색선전을 하는 것은 흔한 일이었지만, 자신들의 게임의 불상사를 뒤집어씌우는 케이스는 처음이었기 때문입니다.

이것을 던북공정이라고 부릅니다. 중국이 한국 역사를 가로채는 행위인 '동북공정'에 빗댄 표현이지요. 이 사건이 공개되면서 오히려 〈메이플스토리〉측이 게임계의 공

적이 됩니다. 〈메이플스토리〉에서 일어난 사건들이 너무
수도 없이 많았기 때문에, 〈메이플스토리〉는 '-메-' 따위
로 한 번에 줄여부를 수 없었습니다.

오히려 악독하게 〈메이플스토리〉에서 일어난 모든 사
건을 한호흡에 띄어쓰기 없이 쓰는 것이 더 유행이었지
요. 그것을 언급할 때는 아예 ^그 긴거^라고 표현하게 됩
니다. 영화 〈해리포터〉에서 언급하기 싫은 대상인 볼드모
트를 언급할 때 '그 사람'이라고 표현하는 것처럼, 인터넷
에서도 입에도 올리기 싫다는 맥락을 담아 〈메이플스토
리〉를 "그 게임"으로 부르게 되었지요.

이처럼 완전히 혐오하는 상대를 '그 사람'으로 부르는
것처럼, 아예 언급하지 않는 것 역시 문화가 되었습니다.
가령 "그건 니가"라는 표현이 있습니다. 상대의 집단에 대
한 프레임을 직접적으로 언급하진 않지만, 상대가 이해
안 되는 놈이라 그렇다는 맥락만 담은 표현이죠.

사실 '네 다음 환자'와 정확히 용례가 일치하지만, 더
열받는 표현입니다. 나에게 직설적인 욕이나 비꼼을 하
지 않으나, 불쾌한 표현을 알아서 상상하게 만드는 드립
이지요. 함께 쓰이는 '카림 벤제마'의 표정이 더욱 약 오
름을 증폭시킵니다.

> 판사님 저는 웃지 않았습니다

상대를 약 올리고는 책임을 회피하는 것은 참 재미난 일

입니다. '그건 네가'라는 표현만으로 상대가 혼자 부들부들 떠는 것은 웃긴 일이지요. 이렇게 상대를 굵고도 도망칠 수 있는 밈들을 소개해 볼까 합니다.

"판사님 저는 웃지 않았습니다"는 이 계열의 고전적인 유머입니다. 인터넷에서 하는 발언이 고소로 이어질 수 있다는 인식이 일반적이지 않은 시절의 인터넷은 그야말로 무법지대였습니다. 당시의 유저들은 인터넷의 악플러를 그저 똥밟은 셈 치고 넘어가는 분위기였죠.

인터넷에서 하는 발언을 고소하거나 잡아가는 것은 독재라는 인상을 주기 참 좋았으니까요. 덕분에 '미네르바' 같은 슈퍼스타가 탄생하기도 했죠. 그러나 인터넷의 발언력은 나날이 강해져 갔고, '타진요' 등의 안티팬카페는 연예인의 활동을 중지시켜 버리곤 했습니다.

하지만 임요환 선수의 아내인 김가연 배우, 아이돌 출신 가수 태연 등의 잇따른 고소 선언이 이어지자, 댓글 혹은 게시물이 고소가 가능하다는 의식이 퍼져나갔습니다. 이것을 약간 유머스럽게 고소미라고 표현하기도 했지요. "나 고소미 먹을 것 같아." 정도로 쓰이는 표현입니다.

이런 고소를 피하고 싶지만, 비방의 맥락에 동의한다는 뜻으로 주로 사용된 표현이 '판사님 저는 웃지 않았습니다'입니다. 만약 정말로 선을 긋고 싶다면 그 게시물 혹은 댓글에 답을 하지 않았다면 그만이지요. 비방을 한 상대에게 동감하면서 고소는 당하기 싫다는 뜻을 내보이기 위해 사용하는 말입니다.

태연 씨의 고소와 함께 유행한 다른 표현으로 "이 댓글은 고양이가 쳤습니다"라는 말도 있습니다. 실제로 태연 씨가 고소를 한 악플러가 보내온 반성문에 사용된 문장이지요. 장문의 비방을 고양이가 입력했다는 말에서 나오는 골계미가 빼어났던 까닭에, 하고 싶은 말을 한 뒤 "고양이가 타자를 쳤어요"라고 말하는 것은 한때 유행을 탔었습니다. 위의 '판사님' 드립과 섞어서 쓰이기도 했었죠.

"판사님, 저는 고양이입니다."

"판사님, 저는 사실 글자를 모릅니다."

"판사님도 솔직히 웃으셨잖아요."

오히려 뻔뻔하게 공감을 요구하는 수준까지 이르다가, 마지막에는 완전히 비웃는 맥락으로 향하기도 합니다.

"판사님, 드랍 더 비트"

마치 조만간 판사님이 법봉으로 비트를 쏘아줄 것 같은 표현이죠. 얼마나 억울한 사연이 있었으면 프리스타일 랩을 준비했을까 생각이 들게 만듭니다.

조금 더 악질적인 표현으로는 메모장 드립이 있습니다. 당사자에게 직접적으로 악플을 달면 고소를 당할 수 있으니, 메모장에다가 쓰라는 의미입니다. 혹은 당사자에게 도저히 보여줄 수 없는 욕설을 이제부터 하겠다는 뉘앙스로 '메모장 켰다'라고 쓰기도 합니다.

아예 남들이 욕설을 하는 것을 보고 싶기는 하지만 고

소를 당할까 봐 두려워하는 유저들을 위해 스스로를 희생하는 케이스도 있습니다. "다들 나에게 욕을 해!"라는 드립입니다. 게시물의 원 대상에게 욕을 하는 것이 아니라, 나를 향해서 욕을 하는 것이라는 판을 깔아주면서 책임을 회피하라는 의도로 하는 말이지요.

혹은 자기가 한 모든 말이 장난이고 유쾌한 발언이라는 듯이 넘어가는 "라고 할 뻔"이라는 드립도 있습니다. 서로 비방하는 것이 쿨하다는 인식을 가진 현대 사회에 가장 잘 맞는 표현인지라, 먼저 말한 네 가지 드립과는 달리 지금까지도 꾸준히 쓰이고 있는 표현이지요. 인터넷 방송 등에서 방송인들이 논란을 피하기 위해서도 자주 쓰는 표현입니다.

"라고 할 뻔"

"라는 말은 하면 안 되겠죠?"

"라는 댓글을 쓰시면 차단하겠습니다."

세가지 바리에이션을 잘 알아놓는다면 여러분도 어쩌면 인터넷 방송을 진행할 수 있을지도 모를 일입니다.

봇치야 그게 무슨 소리니…

〈봇치 더 락!〉이라는 애니메이션이 있습니다. 사회성이 몹시 떨어지는 여고생 고토 히토리. 대외활동을 하기 힘들어하는 그녀이지만, 기타에 대한 열정만은 진심입니다. 그런 그녀는 '기타 히어로'라는 이름으로 유튜브를 통해 유명해졌지만, 밴드 활동을 하는 것은 처음. 그런 사회성 낮은 아웃사이더 소녀의 밴드 결성기를 다룬 만화지요.

"봇치야 그게 무슨 소리니…"라는 유행어가 있습니다. 게시판의 성격에 어울리지 않는 분위기가 싸해지는 소리를 하는 드립이지요. 고토 히토리를 냉혹하게 쳐다보는 사람들 앞에서, 마치 봇치가 '소신 발언'이라도 하는 듯한 짤빵을 같이 사용합니다. 가령 이런 식으로 쓰입니다.

"저…저는 메시보단 호날두가 더 잘한다고 생각해요."

"봇치야 그게 무슨 소리니…"

이 드립은 위의 '판사님' 드립과 맥락이 동일합니다. 악플과도 같은 못된 말을 하고 싶지만, 책임을 회피하고 싶다는 의미이지요. 대신 책임을 회피하는 주체의 방식과 책임을 부여하는 대상이 바뀌었습니다. 판사 앞에서 법적 책임을 피하고 싶다는 의미였던 '판사님' 드립과 달리, 사람들에게서 비난을 받고 싶지 않다는 의미이지요.

왜 스스로를 눈치 없는 사회성 부족 아웃사이더로 정체화하는 것이 책임 회피인지 이해하기 어렵지요. 하지만 이 드립 속 '고토 히토리'의 이미지는 '이런 말을 해도 되는 존재'입니다. 사람들은 정상인이 악플을 다는 것을 더 괘씸하게 여기지요. 하지만 원래 사회성이 떨어지고 분위기를 싸하게 만드는 존재에겐 조금 더 유합니다.

'봇치야 그게 무슨 소리니'는 스스로를 약자로 정체화합니다. 내가 비난을 하고 조롱을 할 예정이지만, 조롱하

는 상대보다 내가 더 약한 존재라는 것을 알리는 맥락이
지요.

비슷한 드립으로 "저는 제가 병신인 걸 알아요"라는 표
현도 있습니다. 스스로가 정의롭다고 생각해서 타인을
비난하는 존재는 꼴불견이지요. 그런 만큼 나는 나 스스
로도 부족한 존재인 것을 알기 때문에 덜 꼴불견이지 않
느냐는 호소입니다.

혹은 단순한 쾌락주의를 의미할 수도 있지요. "딱히 네
가 잘못해서 욕하는 건 아니야. 그냥 내가 욕하는 것을 좋
아하는 정신이상자여서 그런 거야." 나도 나의 문제가 무
엇인지 알지만 나는 그런 인간이니까 봐달라는 뜻입니다.

이 장의 서두였던 '맨스티어'의 입장과도 비슷한 포
지션이죠. 나는 사짜 랩퍼이고, 능력 없고 우스운 래퍼
이기 때문에 다른 래퍼들을 마구잡이로 비난해도 된다.
과거에는 이런 분위기가 '쿨하게' 여겨지기도 했었지만
2024년 현재는 굉장히 꼴불견으로 비치기도 합니다. 자
기 자신을 최악의 존재로 규정해 놓는다면, 그에 대응하
는 것이 너무나도 하찮아지는 것을 이용한 셈이니까요.

그러나 이것에 대한 파훼법은 아직 마땅히 없는 듯합
니다. 우리는 여전히 인터넷에서 편을 가르고 상대 집단
을 비아냥거리기를 즐깁니다. 그러나 세상의 어떤 무엇
도 사랑하지 않는 존재만큼 역공하기 힘든 존재는 없지
요. 우리는 상대가 무언가를 사랑해야 더 '긁'어버리기 쉬

운 이상한 사회에 살고 있는지도 모릅니다.

언더테일 아시는구나!

이건 내쉬 균형(서로의 전략을 알고 있어서 생기는 균형)일지
도 모릅니다. 스스로를 최대한 별 볼 일 없는 존재로 규
정하고, 남이 사랑하는 것을 비웃는 것. 서로 자신을 잃을
것이 없는 존재로 규정하는 것이 행복일 수 있죠. 가시가
돋친 자들이 만나면 가시를 세우는 것이 최고의 전략인
것처럼 말입니다.

어쩌면 당연한 일입니다. 인간은 과몰입과 사랑에 상
처를 너무 많이 받았거든요. 우리가 사랑하는 것들을 함
께 외치는 것은 '쿨하지 못한 것'으로 취급되었습니다.

나와 적대하는 존재를 규정하는 것만으로는 부족을
꾸릴 수 없지요. 부족 내에서 생기는 돌림노래 역시도 부
족을 결성하는 데에는 반드시 필요합니다. 부족이 함께
내거는 기치, 구호는 소속감을 강화해 주고 효능감을 발
생시키죠.

소속감을 긍정적으로 써먹는 업계는 역시 게임입니
다. 게임 팬덤은 자신들의 게임에서 나온 밈이나 표현을
통해 소속감을 강화합니다. 제 직전 책인 《오타쿠의 욕망
을 읽다》에서도 오타쿠들의 2차 창작 욕구와 문화를 이
야기한 적이 있었죠. 2014년부터 2015년까지를 강타한
게임 〈언더테일〉에서도 마찬가지였습니다.

〈언더테일〉은 2010년대 게임의 화두인 '선택지'라는 아이디어를 가장 잘 살린 게임이었습니다. 정해진 캐릭터들이 유저의 선택에 따라 어떻게 반응하는지 보는 것은 감동적인 경험이었죠. 생동감 있는 캐릭터를 절대자라도 된 양 선택지로 주무르는 쾌감 역시 있었을 겁니다.

그래서 그런지 〈언더테일〉은 캐릭터에 과몰입하는 경우가 엄청나게 많았습니다. 혹은 게임 내의 선택지가 아닌 또 다른 상상의 나래를 펼치는 경우도 있었죠. AU(AmazingTale)라고 불리는 2차 창작은 아예 게임의 설정을 일부러 비틀어버립니다. 게임 자체는 30시간 내외로 모두 클리어할 수 있을 정도로 짧지만, 정겨운 캐릭터들은 오래오래 남아 유저들을 과몰입시켰습니다.

그중 가장 유명한 캐릭터가 바로 '샌즈'. 지금도 뼈다귀만 남은 캐릭터를 보면 샌즈라고 부를 정도로 인기를 끈 캐릭터입니다. 작품의 핵심을 쥐고 있는 인물이지만, 자주 나오진 않으면서도 등장할 때마다 시선을 강탈하지요.

내가 즐기는 것을 함께 즐기고 있는 누군가를 보는 것은 즐겁습니다. 같은 취미를 가진 것만으로도 호감으로 직결되기도 하지요. 아마 언더테일 아시는구나! 혹시 모르시

는 분들에 대해 설명해드립니다[42]라는 글을 쓴 학생도 그랬을 겁니다.

이말년 작가의 〈이말년 서유기〉에 나온 "샌즈세요?"라는 대사. 그것이 아마 그 유저를 흥분시킨 것 같습니다. 내가 좋아하는 게임을 유명한 웹툰 작가도 좋아한다니! 내가 지금 느끼는 흥분감을 그대로 담아 샌즈를 모르는 사람들에게도 널리 알려야 했을 겁니다.

안타깝게도 '언더테일 아시는구나!'로 시작하는 장문의 글은 모두에게 비웃음을 사게 됩니다. 어린 티가 나는 문체, 흥분을 주체 못한 듯한 말투, 다른 유저들에게 설명을 해줘야 한다는 사명감 등등….

심지어 그가 〈언더테일〉을 실제로 플레이하지는 않고, 유명 스트리머의 플레이 영상만 보고 '과몰입'을 했다는 것을 알게 된 유저들은 더욱 신나게 비웃음을 날렸지요.

심지어 일종의 '만델라 효과'도 일어났습니다. 원문에

---

42 실제 원문은 아래와 같다.

"언더테일 아시는구나! 혹시 모르시는분들에 대해 설명해드립니다 샌즈랑 언더테일의 세가지 엔딩루트중 엔딩루트중 몰살엔딩의 최종보스로 진.짜.겁.나.어.렵.습.니.다 공격은 전부다 회피하고 만피가 92인데 샌즈의 공격은 1초당 60이 다는데다가 독뎀까지 추가로 붙어있습니다.. 하지만 이러면 절대로 게임을 깰 수 가없으니 제작진이 치명적인 약점을 만들었죠. 샌즈의 치명적인 약점이 바로 지친다는것입니다. 패턴들을 다 견디고나면 지쳐서 자신의 턴을 유지한채로 잠에듭니다. 하지만 잠이들었을때 창을옮겨서 공격을 시도하고 샌즈는 1차 공격은 피하지만 그 후에 바로날아오는 2차 공격을 맞고 죽습니다."

는 '와! 샌즈!'라는 표현이 없음에도 불구하고, 모든 사람들이 원문에 '와! 샌즈!'라는 표현이 있는 것으로 기억하고 있지요. 덕분에 지금껏 해골을 보면 다들 "와! 샌즈!"라고 외쳐주는 것이 인터넷에서 하나의 전통이 되었습니다.

┌ 노하하하 ┐

이와 같이 타인이 열광하고 있는 모습을 조롱하는 표현은 수도 없이 많습니다. '와! 샌즈!'도 〈언더테일〉을 보고 흥분을 감추지 못하는 어린 팬덤을 조롱하는 표현이지요. 이와 유사한 것으로는 〈레인월드〉라고 하는 인디 게임의 팬덤을 조롱하는 "내가 이 작은 팬덤의 일부라니"도 있습니다. 이 경우에는 힙스터에 대한 조롱도 포함하고 있지요.

　　디시인들은 이토록 남들을 조롱했지만, 그들도 피할 수 없는 일이 있었습니다. "〈디시인사이드〉는 뭐가 다른가?"라는 의문이었죠.

　　샌즈를 보고 열광하든, 〈레인월드〉의 **달껄룩**[43]을 보고 열광하든, 어느 정도는 웃어넘길 수 있는 일이지요. 하지만 〈디시인사이드〉가 열광하는 것은 달랐습니다. 바로 노무현이었습니다.

───

43　달팽이와 고양이를 동시에 닮은 레인월드의 주인공. 고양이를 떼껄룩이라고 부른다. 스카이림의 고양이 수인 캐릭터 상인이 'Take a look'이라고 말하는 것에서 기인했다.

노무현 전 대통령의 영정사진과 생전 육성을 합성하여 조롱하는 것은 하나의 문화로 자리 잡았습니다. 이미 정치인 노무현과 밈적으로 활용되는 노무현은 다른 존재라고 봐도 무방합니다.

노무현 대통령의 목소리로 노래를 합성하는 *MC무현*은 이미 독자적인 생태계를 구축하고 있습니다. 실제 노무현 대통령의 행적을 차용하면서도, 다른 설정들이 존재하지요. 영어로 랩을 하는 파트는 김대중 전 대통령의 육성을 사용하는 것이 국룰[44]입니다. 노무현 전 대통령이 서거한 것과 달리, 'MC무현'은 살아있다는 것이 통설입니다. 이것을 부정하면 인터넷 커뮤니티의 세계에선 꽤 곤란해질 수 있어요.

2009년 〈디시인사이드〉의 '합성-필수요소 갤러리'부터 시작해서 〈일베저장소〉로, 〈일베저장소〉에서 유튜브로 플랫폼이 바뀌었지만 'MC무현'의 유행 자체는 사그라들지 않았습니다. 'MC무현'은 단순한 조롱거리가 아니었기 때문입니다.

'MC무현'을 듣고 웃거나 즐기는 사람들은 내집단, 그것을 즐기지 못하는 사람은 외집단으로 분류되었습니다. 고인에 대한 모독이라고 진지하게 주장하는 사람들은 비웃음을 살 뿐이었지요. 이전에 언급한 〈일베저장소〉의 '폭식시위'에서도, 광화문에서 그들은 'MC무현'을 불렀습니다.

44 국민적인 룰. 불문율을 뜻한다.

'MC무현'이라는 밈은, 더 나아가서 노무현이라는 정치인에 대한 밈은 일종의 의식 같은 것입니다. 심지어는 MZ세대라는 표현이 젊은이들에게 반감을 사자, 젊은 남성층은 스스로를 MH세대[45]라고 정체화했습니다.

10·20대 남성층에서는 노무현이라는 밈이 일상적으로 공유되고 정치적 성향과 문화도 묶인다는 주장입니다. 실제로 과격한 층으로 가면 갈수록 '이대남'이라는 표현보다 'MH세대'에 공감하는 사람들이 많지요.

하지만 영원한 최고는 없는 법입니다. 노무현이라는 밈도 한물갔다는 평가를 받고 있지요. 특히 그 문화를 최전선에서 주도하던 〈디시인사이드〉에서 노무현이라는 밈이 재미가 없다고 들고 일어선 겁니다.

〈디시인사이드〉는 〈일베저장소〉보다는 정치적 성향이 옅은 편이고, 훨씬 쾌락주의적입니다. 〈일베저장소〉가 진지하게 노무현을 미워하고 박정희를 존경하며 전두환을 인정해 주는 것과 대조적입니다. 〈디시인사이드〉에선 그저 '반사회적인 담론을 던지는 것' 자체를 즐깁니다. 누군가가 자신을 혐오해 주지 않는다면 재미가 없어지지요.

반면 노무현은 너무나도 많이, 오래 쓰여온 밈이었습니다. 〈루리웹〉유저, '근첩'을 찾아내기 위해 노무현이 도배되는 경우도 있습니다. 혹은 유저들의 사상검증을 한답시고, 외부 인원을 '방역'한답시고 노무현 합성 사진을

---

45   노무현의 MH를 따옴.

올리는 경우도 허다합니다.

이런 마당이니 노무현을 보고 웃지 않거나, 재미가 없다고 말하는 사람은 '근첩'으로 몰리기 마련입니다. 철저히 쾌락주의적 입장에서 노무현이 질린다고 말하는 사람조차, 좌익 성향을 지닌 스파이로 의심받았습니다.

노무현을 공유하는 것은 더 이상 내집단을 증명해 주는 일이 아니게 되었습니다. 하지만 여전히 노무현이라는 밈에 그러한 신통력이 있으리라 믿는 층은 노무현을 들이댔습니다. 지난한 싸움이 있었지만, 노무현 밈의 생명력은 죽지 않았던 와중, '중세게임 갤러리'의 한 유저가 참을 수 없었나 봅니다.

"제기랄, 또 노무현이야. (중략) 이제 나는 웃어야 해. 웃으면 잠이 확 깨버릴 것을 알면서도 나는 웃어. 그것이 노무현을 목도한 자의 사명이다. 자 웃겠어. 노하하하하하하하하!"

노무현 밈이 질린다는 백 마디 말보다, 한 문단의 조롱이 더 치명타를 먹였습니다. 노무현을 보면 반사적으로 웃어야만 한다는 블랙 코미디를 담은 이 문장은 일대에 센세이션을 불러일으켰지요. 노무현이라는 밈에 대항하는 것 역시 밈이었습니다.

이 이후로 〈디시인사이드〉 유저들은 노무현을 볼 때마다 댓글에 "노하하하하"를 달았습니다. 혹은 저 문장 전문을 다는 경우도 있었지요. 밈이 늘 그렇듯 바리에이션도 생겼습니다. 보기 질리는 인물은 모두 저 '템플릿'에 갇혔지요.

　'MC무현'이라는 밈이 몰락한 것이 먼저인가, '노하하하'라는 카운터가 출현한 것이 먼저인가는 논란의 여지가 있습니다. 하지만 이제는 노무현 밈은 과거처럼 효과적으로 사용되지 못하고 있지요.

우리형

이렇게 각 집단마다 하나씩 있는 우상 같은 존재가 인터넷에 출현합니다. 내부인들에게는 신 같은 존재, 외부인들에게는 조롱의 대상. 나훈아 씨가 그랬죠. 슈퍼스타는 빠와 까를 미치게 만드는 존재라고. 이런 인터넷의 슈퍼스타를 우리는 "우리형"이라고 부릅니다.

　'우리형'에 포함되는 인물은 위의 "제기랄, 또 XXX야" 템플릿에 주로 포함되는 인물이기도 합니다. '우리형'이라는 별명의 원조인 호날두는 당연하고요. 페이커, 메시, 손흥민 등등… 유사한 드립으로는 GOAT(Greatest Of All Time) 라는 표현도 있지요.

　인터넷에서 '우리형'들이 유달리 빛나는 이유는 과몰입과 자아 의탁을 유도하기 때문입니다. 인터넷에선 소속감을 느낄 것이 별로 없습니다. 국가에 소속감을 가지면 국뽕, 성별에 소속감을 가지면 이성혐오자, 거대한 집단에 소속감을 갖는 것은 당연히 인간쓰레기 취급을 받습니다. 게다가 소수 집단인 인터넷 커뮤니티에서 친목을 하는 건 좆목으로 금기되어 있습니다.

이런 상황에서 필요한 것이 바로 '우리형'입니다. 나라는 존재를 대표해 줄 사람에게 자아를 의탁하고, 그 존재를 좋아하는 사람들이 뭉치는 것은 인터넷이 허락한 유일한 소속감입니다.

'우리형'의 원조는 포르투갈의 축구 선수 크리스티아누 호날두입니다. 2000년대 이후 꾸준히 투톱으로 군림해 온 축구선수, 메시와 호날두. 지표상 메시가 호날두보다 앞서나갔지만, 팬덤 자체는 호날두가 더 컸습니다. 타고난 쇼맨십과 빼어난 용모, 그리고 끊임없이 이야깃거리를 만드는 스타성까지. '슈퍼스타'라는 명칭엔 호날두가 더 잘 어울렸지요.

호날두를 친근하게 '우리형'이라고 부르는 것은 삽시간에 전국으로 퍼졌습니다. 그와 동시에 호날두의 이미지도 추락했지요. 호날두의 코리아 패싱 등의 사건이 겹치기도 했지만, 조금 더 근본적으론 그의 팬덤에 대한 비호감도가 원인이었습니다.

인터넷에서는 "빠가 까를 만든다"라는 유명한 명언이 있습니다. 보기 싫은 사람을 보면 칭찬을 하라는 말도 있지요. 누군가를 찬양하는 모습을 보면 심술이 나는 것은 인간의 본능일까요. 보기 싫은 영상 도네이션을 보는 사람이 더욱 심술 나고 '노래는 좋네'라고 말하듯이, 우리는 '우리형'을 더욱 찬양하기 시작했습니다.

조롱과 숭배 사이의 가면놀이가 활개 치며, '우리형'은 더 이상 순수한 찬양으로 받아들여지지 않았지요. 철구라는 인터넷 BJ를 너무나도 싫어하는 어떤 사람은 꾸준히 '그래서 이 사람이 철구보다 돈 잘 벎?'이라는 댓글을 씁니다. 페이커를 싫어하는 사람은 페이커를 '기습숭배'하는 밈을 만들어냈습니다.

'우리형'이라는 표현은 특정인을 대상으로 살인스텝[46]을 밟을 때 쓰는 표현으로 전락했습니다. 정말로 좋아하는 대상에게 '우리형'이라는 표현을 쓰는 경우는 거의 없어졌습니다. 하지만 인물이 소속감을 제공한다는 의미만은 남았죠. '우리형'을 좋아하는 사람이 묶이는 것보다, '우리형'을 싫어하는 사람이 묶이는 것으로 바뀌었지만요.

특정 무언가를 싫어하는 감정으로 낄낄대는 것은 중요한 소속감으로 기능합니다. 할카스라는 말이 있습니다. 박카스 할머니를 줄여서 쓴 표현이지요. 성매매를 하는 박카스 할머니를 불법촬영해 배포한 사진이 인터넷에 떠돌아다닌 적이 있습니다. 인터넷 커뮤니티를 하다 보면 한 번씩은 접하게 되지요.

'할카스'라는 불법촬영물은 〈디시인사이드〉 등지에서 안타깝게도 '혐오 짤'의 대명사로 퍼져나갔습니다. 처음

46　인터넷에서의 인격모독이 일종의 살인이나 다름없다는 뜻에서 쓰는 말. 누군가를 비난하는 글을 보면 '슬슬 스텝 밟는듯?'이라고 써주면 좋다.

에는 다 같이 이런 사진을 왜 올리냐며 분노하였으나, 어느 순간부터 묘한 양상이 발견됩니다. "절대 할카스를 검색하지 마." **절대 검색하면 안 되는 단어**[47]랑 비슷하게, 일종의 왜곡된 자부심으로 발현된 겁니다.

자신이 '할카스'를 본 적이 있으므로, 자신도 그것을 혐오하므로 나는 이 집단의 일원이라는 것을 인정받고 싶어 하는 감정이 드러나죠. 그 사진을 본 적이 없다는 사람 앞에서는 낄낄대며 그런 거 절대 보지 말라고 위로해주는 듯하지만, 실제로는 선을 긋는 모양새를 띱니다.

"너는 아직 진짜 심연을 보지 못했어."

순수하게 좋아하는 티가 나는 '와! 샌즈', 왜곡된 힙스터적 자부심이 드러나는 '내가 이 작은 팬덤의 일부라니'는 귀여운 수준입니다. '할카스'는 사실상 야갤러(디시의 '국내 야구 갤러리'의 유저)들의 샌즈로 작용하고 있습니다. "너도 할카스를 아느냐"라는 것으로 소속감을 확인하고, 우리가 같은 부족이라는 것에 기뻐하지요.

우리 밈 모르면 나가라

인터넷 커뮤니티는 역설적 공간입니다. 커뮤니티라는 이름을 달고 있지만 커뮤니티를 형성하는 것을 용서하지 않습니다. 친목은 허용되지 않습니다. '좆목'이라는 이름

---

[47] 인터넷의 유명 게시물. 공포스럽고 혐오스러운 것을 보여주려고 하는 듯 하다. 줄여서 '절검단'이라고 말하기도 한다.

으로 거절됩니다.

　내가 좋아서 사람들에게 추천해 주고 싶은 물건을 게시물로 씁니다. 댓글에 이거 바이럴이네[48]라는 조롱이 달립니다. 내가 좋아하는 연예인의 행사 소식이 나와서 나와 취향이 같은 사람들에게 소문을 냈습니다. 근데 이제 뭐함?[49]이라는 댓글이 달립니다. 나는 행사 소식 하나에 일희일비하는 원숭이가 된 기분입니다.

　자신의 이야기를 너무 많이 하는 것도 안 됩니다. '셀털'이라는 죄로 '분탕'의 멍에를 짊어지게 됩니다. 혹은 자신의 정보에 들어간 특정 세대, 성별, 취미를 적대시당할 수도 있습니다. '그 게임'을 하지 마십시오. '그 팬덤'도 되지 마십시오. '근첩'도, '펨대남'도 되어선 안 됩니다.

　그럼 이 공간이 왜 커뮤니티냐 반문할 수 있습니다. 서로를 적대하고 비웃고 조롱만 할 거면 그냥 현세에 도래한 지옥이 아니냐고 말입니다. 그리고 현실의 꽤 많은 사람들이 실제로 그렇게 생각합니다. 인터넷 커뮤니티는 그저 악의에 가득 찬 인간들의 쓰레기통에 불과하다고요.

　하지만 그런 쓰레기통이 인기가 있다는 것은 어딘가 이상합니다. 현실에서 상처 입고 분풀이만을 하기 위해

48　실제로 바이럴이든 아니든 별 상관 없이 유행시키려는 모습이 보이면 쓴다.

49　원래 디시의 '가디언 테일즈 갤러리'의 밈. 보통 오랑우탄 이미지와 함께 쓰인다. 어떤 이벤트로 기뻐하는 상대에게 '그거 다하면 이제 할 게 없는데, 뭐하면서 지내냐'는 냉소적인 의미로 쓰인다.

인터넷을 켠다면, 굳이 인터넷 커뮤니티를 할 이유가 없습니다. 그냥 '메모장 켰다' 하고 분풀이를 그득그득 해버리면 그만입니다.

인간의 가장 슬픈 점은 인간에게 상처받은 것을 해소하는 데에도 인간이 필요하다는 겁니다. 그렇기 때문에 인터넷 커뮤니티는 '커뮤니티'입니다.

욕은 메모장 켜고 해도 됩니다. 하지만 내가 욕한 것을 보고 누군가가 ㄹㅇㅋㅋ[50]라고 쳐줘야 기쁩니다. 그 기쁨을 위해 우리는 '고소미'를 먹을 것까지 감수하고 악플을 달아댑니다.

내가 열받는 것을 그대로 표현하는 것도 문제가 있습니다. 내가 '긁힌' 모습을 보면 사람들이 조롱할 것이기 때문입니다. 쾌락주의에 찌든 쿨한 인간을 연기합시다. 그리고 타인을 긁은 후에 나는 '가면놀이' 중이라서 아무런 문제가 없다고 말합시다.

우리는 그 안에서 인간적인 공감의 끈이 닿기도 합니다. 커뮤니티라는 이름이 무색하게 친목은 불가능하지만, 우리가 하나의 감정을 공유하고 있다는 것 정도는 느낄 수 있습니다. 왜냐하면 우리는 느그형[51]을 함께 혐오하고 있기 때문입니다.

이게 우리가 느낄 수 있는 유일한 소속감입니다. 이것 마저 없다면 인터넷 커뮤니티는 정말로 커뮤니티의 기능을 하나도 하지 못할 겁니다. 이 비겁하고 치졸한 소속감이 대한민국을 인터넷 커뮤니티 대국으로 만들었습니다.

〈디시인사이드〉 이용자 수는 10년 만에 크게 늘어 2023년 기준 일평균 300만 명이 접속합니다. 친해질 수도, 친해져서도 안 되는 기묘한 소속감이라도 느끼고 싶어 하는 사람들이 〈디시인사이드〉에서만 300만 명입니다. 국내 5위의 트래픽 순위를 자랑합니다.

이 장에서는 "밈"이라는 표현을 재구성하며 마쳐보겠습니다. 밈은 데이터 전달 매개체입니다. 어떠한 정서, 상황, 아이디어, 감정, 논리를 신속하고 재치 있는 구호로 교체해서 전달합니다.

'노무현 대통령을 언제까지 우려먹을 건지 정말 지겹지만 이 사이트에서 내가 적대시 당할까봐 두렵다'라는 표현을 간략하게 '노하하하'로 말할 수 있는 것이 밈입니다.

이런 밈이 필요한 이유는 이번 장에서 끊임없이 역설한 '소속감'으로 보입니다. 우리는 밈을 사용하면서 안심합니다. '문크 예거'라는 밈을 사용하고, 그 밈을 알아듣는 동일한 대상을 보며 소속감과 안정감을 느낍니다.

상대도 문재인 전 대통령에 대한 반감이 있는 사람이고, 나 역시 그렇습니다. 직접 물어보는 '좆목'을 하지 않더라도 '문크 예거' 밈 하나로 우리는 사상검증을 완료했습니다. 이 커뮤니티의 분위기는 좋아하지만 사상이 달라서 이 밈에 웃지 못하는 사람도 있을 겁니다. 어쩌면 그는 이것에 안달내고 있을지도요.

"그 밈이 웃기진 않은데 나도 웃어야 하나?"

과몰입도, 줒목도, 셀털도 할 수 없는 우리는 서로가 같은 부족임을 확인할 수 있는 유일한 의식으로 밈을 사용합니다. 서로를 "게이야"라고 불러봅시다. 이름을 부르거나 친밀한 애칭을 부르는 것만큼은 못하겠지만, 우리가 '같은 존재'라는 것이 느껴집니다.

인터넷은 살아남기 힘든 공간입니다. 하지만 위 수칙들을 잘 지키면서 밈을 공유하고, 밈으로 공격하고, 밈으로 방어를 하며 밈적 사고[52] 속으로 빠져봅시다. 외부에서 보기에는 여러분이 정말 이상한 사람으로 보이겠지요.

하지만 우리는 그 행위가 주는 사소한 소속감에 중독되어 있습니다. 다 함께 누군가를 혐오하거나 조롱하면서 느끼는 인터넷 커뮤니티의 '커뮤니티성'은 누군가에겐 최후의 그물망일 수도 있습니다. 가면을 쓴 커뮤니티마저 없다면 어디에서 소속될 수 없는 누군가 말입니다. 영화 〈조커〉의 명언으로 이 장을 끝내도 좋을 것 같습니다.

"당신은 어차피 이해 못 할 거야."

---

52   밈에 의존해서 사고하고 판단하는 것.

3장

혐오 속에서
'도태'되다

쿨한 입장에서 세상을 내리깔며 조소하는 법을 배운 여러분께 축하의 말씀을 드립니다. 인터넷 세상에서 진심을 내보이는 것은 바보 같은 일이지요. 내가 진짜 '욹힌' 모습을 보여주는 것만큼 남에게 공격받기 쉬운 일이 있을까요.

하지만 지난 장 마지막 부분에서 언급했듯, 우리는 '쿨한 가면'을 쓰고 있으면서도 인정욕구와 소속감에 목맨다고 했었죠. 우리는 쿨한 척하지만 진심을 세상에 외치고 싶어 합니다. 이 세상의 수많은 진심들을 한 번 들어볼까요?

"한녀랑 결혼하는 것은 도축 당하는 거나 다름없다."

"이태원에서 죽은 인싸들이 왜 불쌍함? 내가 죽었으면 너희들 울어줬을까?"

"찐따들 다 살처분을 하든지 담당일진을 붙이든지 하라고."

"임산부한테 자리를 왜 비켜줌? 누가 섹스하라고 칼 들고 협박이라도 함?"

쿨한 척 조소하는 사람들을 겨우 이해하신 여러분들께 제가 새로운 과제를 드릴 겁니다. 인터넷에서 드문드문 드러나는 '쿨하지 못한 분노'들을 이해하는 과제죠.

보고만 있어도 정신이 나갈 것 같은 저 말들은 단순히 혐오하고 가는 쪽이 더 좋을지도 모릅니다. 인터넷에서 남한테 욕지기를 뱉으며 울부짖는 저 사람들도 딱히 우리에게 공감해 주고 있지는 않으니까요. 오히려 저들 모두를 남처럼 여기고 모른채 살아가는 쪽이 정서적으로 분명 좋을 겁니다.

하지만 저 말들은 대부분 '진심'입니다. 가면놀이에 염증을 느낀 사람들은 진심이 얼마나 충격이든 진심 쪽에 더 이끌리는 편이죠. 위 말들은 미디어에서도 감히 담을 수 없기 때문에 더욱 흥미로운 연구과제입니다. 그들의 공감대를 찾아내는 것은 새로운 먹거리가 될 수도 있겠죠.

하지만 다짜고짜 심한 혐오부터 탐구할 수는 없지요. 이 중에서 가장 마일드한 혐오부터 탐구해 봅시다. 인싸에 대한 혐오부터 시작해보는 건 어떨까요? 가장 넓게 저변에 깔려 있는 혐오 말입니다.

기울어진 운동장

지상파 TV 시청률이 떨어졌습니다. 하루 이틀 이야기가 아니긴 하죠. 최근 들어서 시청률이 10%가 넘었다는 프로그램이 더 적습니다. 전 국민을 강타했다고 하는 작품들은 지상파 프로그램이 아니고요. 〈오징어 게임〉, 〈피지컬 100〉, 〈흑백 요리사〉 등은 모두 넷플릭스 작품입니다

하루 이틀 일은 아니지만, 사실 그렇게 오래된 일도 아닙니다. 10년 전만 해도 TV의 생명력은 강했습니다. 2014년은 JTBC라는 종편 방송사의 전성기라고 불렸던 해이기도 하지요. 〈마녀사냥〉, 〈썰전〉 등의 프로그램은 전

국민적으로 인기를 끌었습니다.

하지만 2014년부터 TV의 인기는 급격히 저물었습니다. 2014년은 제가 대한민국의 기점으로 생각하는 해이기도 합니다. 대한민국의 현재가 과거에 비해 삭막해졌다는 이야기를 들으면, 저는 언제나 2014년을 기점으로 말합니다.

2014년 하면 전 국민에게 충격을 준 세월호 침몰 사건부터 떠오르실 겁니다. 이 사건은 첫 한 달간은 전 국민적인 슬픔으로 작용했지만, 그 이후로는 국가를 반으로 찢어놓았습니다.

"세월호 참사에는 정치적인 책임소재가 있고 그것에 대한 진상규명을 해야 한다!"

"세월호 참사는 아무런 의미가 없고 그저 단순한 해상사고일 뿐이다!"

좌익은 정부가 고의로 세월호를 침몰시켰다거나, 미군이 훈련을 하다가 세월호를 수장시켰다는 등 기묘한 음모론을 제시했습니다. 4개국 합동 조사단이 조사한 결과는 '근거 없음'이었지요. 추모를 하지 않는 사람을 이상하게 보기도 하고, 세월호를 잊고 일상으로 돌아가는 것을 최악의 행위처럼 말했지요.

우익은 세월호를 통한 정권 흔들기나 좌익이 제시한 음모론을 혐오하는 것을 넘어, 피해자를 조롱하기에 이르렀습니다. 평범하게 추모하는 사람들도 좌익 빨갱이로 몰아갔고, 정치적 맥락을 빼고도 '감성충' 따위로 폄하했습니다. 세월호가 정치적으로 이용되는 것을 받아치겠답시고 유가족에게 음모론을 제시하기도 했지요.

일반적인 담론이 정규분포처럼 중도가 두툼한 형태를 띤다면, 세월호 담론은 중도는 없고 반대편의 모두를 극단주의로 몰아가는 모양새였습니다. 노란 리본을 매지 않는다면 일베충 취급이었고, 노란 리본을 맨다면 빨갱이 취급이었지요.

평범한 시민들도 이 담론에 크게 휩싸입니다. 보통의 정치 담론들은 '정치인은 이런 행동을 하라'라는 남의 이야기잖아요? 하지만 세월호 담론은 '나의 이야기'였습니다.

"슬퍼하라."

"아니, 슬퍼하지 말아라."

"추모하라."

"휘둘리지 말아라."

나의 선택이 곧 나의 정체성을 말해주는 것만 같은 담론이었습니다. 처음에는 단순히 중도 근처에서 어떤 행동을 했던 사람도, 반대쪽에서 욕을 몇 번 듣고 나면 불꽃같은 진보전사가 되기 좋은 환경이었죠.

세월호 담론의 특수성은 '참여'를 중요시한다는 것이었습니다. 세월호 이후의 2010년대 후반의 담론들도 그런 양상을 띠죠. 박근혜 정권을 탄핵하는 시기도 시민들의 참여를 중요시했습니다. 페미니즘 담론도 '참여적 담론'이었고요.

참여를 담보하는 논의는 자연스럽게 사람들을 극단주의로 내몹니다. '공정 담론'이 비교적 극단화되지 않은 이유가 있지요. 결국 공정한 채용을 시행해야 하는 것은 기업이나 정부입니다. 가끔 아르바이트를 뽑을 때 왜 공정하게 채용하지 않느냐 따위로 인터넷이 불타곤 했지만, 그것도 알바 사장은 대부분 남이라서 상관없었지요.

왜 2010년대의 담론들은 유달리 참여적이었을까요? 그것은 페이스북, 트위터 등으로 대표되는 SNS 시대의 영향이라고 볼 수 있습니다. 현재는 인스타그램이 지배적인 SNS지만, 페이스북과는 형식이 많이 다르지요.

페이스북이나 트위터는 자신의 의견을 적극 피력하는 것이 권장되는 SNS였습니다. 특정한 사건이 일어나면 자신의 프로필 사진을 그 나라의 국기로 물들이기도 했지요. 세월호 사건이 있었을 때는 자신의 프로필에 노란 리본을 다는 것도 흔한 일이었습니다.

SNS라는 인터넷 세계 속 활동이 곧 나의 활동이 되는 시대. 이 때 '참여 담론'이 불붙듯이 올라온 것은 결코 우연이 아닐 겁니다. SNS에서 시비를 걸기 가장 쉬운 것이 도덕성 논쟁이었고, 그것을 검증하기 위한 가장 쉬운 방법이 '왜 당신은 참여하지 않는가'였지요.

페이스북에서 의견을 피력했다는 이유로 욕을 먹는 것은 덜 억울합니다. '당신은 왜 아무것도 하지 않는가'에 비하면 말입니다.

세상의 많은 중도층은 아무것도 하지 않습니다. 내심 어떠한 의견을 가지고 있다고 하더라도, 남에게 보여주는 것을 꺼립니다. 2014년 이전까지의 대한민국은 대부분의 사람들이 어떠한 의견을 가지고 있더라도 잘 드러내지 않는 사회였습니다. 그러나 세월호 담론을 거치면서 우리는 '의견을 가지지 않은 죄'를 뒤집어쓰게 됩니다.

현대의 지배적 SNS인 인스타그램의 최대 문제점이 허영과 과시라면, 2010년대의 지배적 SNS였던 페이스북의 최대 문제점은 지적 허영과 의견 과시였습니다. 사치가 박탈감을 불러일으킨다면, 의견 과시는 타인을 '무식한 존재'로 만들었습니다.

이후에도 '중도'에 대한 혐오가 얼마나 번졌는지 생각해 봅시다. "기울어진 운동장론"이나 "달리는 열차에서 중립은 없다"라는 이야기가 2010년대에 얼마나 활개 쳤을까요. 우리는 이런 사회에서 자연스럽게 전사로 키워졌습니다. 가만히 있는 존재는 모두의 적이 될 뿐이었으니까요. 특정한 한 편에 서는 것이 오히려 욕을 덜 먹는 방법이 되었습니다.

프로불편러, 등장하다

인터넷에서 전사가 양성되었습니다. 중립을 지키다가 욕먹느니 그냥 내 할 말 시원하게 하고 욕먹겠다는 인간들이 말입니다. 이 인간들은 또 다른 인간에게 가서 자기 할 말을 시원하게 뱉었고, 또 다른 조용히 있던 중도도 사이버 전사가 되었습니다. 호모 호미니 루푸스[50] 그 자체입니다. 누군가에게 상처받은 중도가 또 다른 중도를 상처입히는 세상입니다.

2014년은 세월호 참사를 제외하고도 꽤 많은 사건이 있던 해였습니다. 겨울에는 경주의 마우나리조트가 붕괴하는 사고를 겪기도 했고, 연예계에서는 수많은 연예인이 의료사고로 사망했습니다. 우리는 조금 덜 진지한, 그렇지만 인터넷에 지금까지도 영향을 끼친 사건을 알아봅시다.

MBC의 예능 프로그램 〈무한도전〉의 기획이었던 '홍철아 장가가자' 특집. 이 특집은 트위터 등지를 통해서 큰 논란을 낳았습니다. 30대 중반의 남성이 자신의 신붓감을 물색하며 여성들을 품평하는 것이 불편하다는 것이었지요.

당시에 〈무한도전〉 팀이 이 논란에 대처한 방법은 사죄와 반성이었습니다. 세상을 불편하게 만들 줄 몰랐다는 죄책감이었습니다. 특히 여성에 대한 젠더 폭력으로 받아들여질 것이라곤 생각지 못했다며, 〈무한도전〉 팀은 자진해서 스스로에게 곤장을 때렸습니다.

이 대처는 당시에는 그다지 비판받지 않았으나, 이후

---

50   인간은 인간에게 늑대다. 원래는 라틴어 경구지만, 토마스 홉스가 《리바이어던》에서 사용해 유명해진 문구이다.

많은 남성 네티즌들에게 '예능 멸망의 단초'라고 불리게
됩니다. 공중파 예능이 인터넷의 불편에 화답한 최초의
사례로 인식되었기 때문입니다. 이 사건으로 인해 인터
넷의 여론은 더 이상 무시할 수 없는 일이 되었고, 인터넷
을 불편하게 만들면 창작을 엎어야 한다는 선례를 만들
어버렸다고 그들은 느낀 것입니다.

국내 최장수 프로그램 중 하나였던 〈무한도전〉은 인터
넷에 또 한 번 거대한 파란을 일으킵니다. 노홍철 씨와 길
씨가 음주운전으로 하차한 뒤, 빈자리를 채워줄 여섯 번
째 멤버를 뽑는 특집이었지요. '식스맨' 특집은 그 자체로
2010년대 중반을 상징합니다. 사회참여에 진심이었던 국
민들의 여론을 포집하겠다는 의도였습니다.

하지만 그 말인즉슨 연예인의 인성과 능력을 도마 위
에 올리겠다는 뜻입니다. 국민들의 시선이 집중되는, 당
시 주말 최고 예능의 빈 자리에 누가 들어올까는 초유의
관심사였습니다. 저마다 한마디씩 참가자를 품평하기 시
작했지요.

그중 특히 논란이 되었던 것이 장동민 씨의 언행이었
습니다. 자칫 무례해 보일 수도 있는 강한 캐릭터인 장동
민 씨는 강력한 지지를 받은 식스맨 후보였지요. 하지만
그의 언행 중 라디오 방송에서 했던 발언들이 '여성혐오'
로 몰린 것입니다.

여성 시청자들의 강한 반대에 휩싸인 장동민 씨는 자

신의 후보 자격을 버리고 자숙했습니다. 하지만 불은 꺼지지 않았지요. 국민이 참여한다는 것은 책임 역시 국민에게 향한다는 것이었습니다.

장동민 팬덤은 물론, '불편함' 때문에 예능에서 특정 출연자가 내쫓기는 것이 맞느냐고 생각한 사람들까지 장동민 씨의 자숙을 요구한 〈여성시대〉 측에 그 책임을 물었습니다. 이때부터 스멀스멀 나온 것이 바로 "프로불편러"라는 말입니다. 세상에 불편함을 외치고 다니는 사람들이지요.

한국의 케이스만 말했지만, 외국도 사정은 마찬가지였습니다. SNS가 한국에서만 유행한 것도 아니니까요. 미국에서는 2010년대부터 급격하게 '정치적 올바름'이 대두되었습니다. 자신이 '깨어 있는(Woke)' 존재이며 '사회정의'에 민감하다는 것을 티 내는 PC충[51]들은 인터넷 커뮤니티에선 혐오의 대상으로 떠올랐지요.

하지만 2024년 현재는 '프로불편러'라는 표현이 많이 쓰이진 않습니다. 왜냐하면 우리 모두가 불편해하기 때문입니다. 소위 PC충이 정치적으로 올바르지 않은 매체를 보고 분노하듯, 반대편에 선 사람들은 정치적으로 올바르게 만든 작품을 보고 분노합니다.

여성 인권에 민감한 사람이 여성 문제에 무던한 예능

---

51   정치적 올바름(Political Correctness)에 멸칭인 벌레 충자를 붙인 표현이다.

을 보고 분노해 활동하듯, 남성 역시 남성 성상품화나 남
성 목숨을 경시하는 매체에 분노하기 시작했습니다. 이
제 더 이상 '프로불편러'를 따로 지칭할 이유가 없는 겁
니다. 우리는 각자의 편에 서서 우리 마음에 안 드는 것을
불편하게 여기게 되었으니까요.

'박보검~나웃겨'는 완전 '히트다 히트'

프로불편러가 등장하면서 우리 사회는 '감수성'이 중요
하게 되었습니다. 사람들 개개인은 자신의 정의를 폭탄
처럼 몸에 두르고 남을 헐뜯고 비웃지만, 어쨌든 감수성
은 중요합니다. 창작자의 감수성은 별로 중요하지 않고,
수용자의 감수성을 건드리면 굉장히 곤란한 일이 발생합
니다.

　TV예능들은 운신의 폭이 좁아졌습니다. 과거는 친구
의 외모를 조롱하거나 비하하는 개그를 하기도 했습니
다. 혹은 특정 집단의 편견을 이용하기도 했지요. 반말을
하는 상대에게 '어디 막노동판에서 만난 사이냐'라는 대
사는 지금은 할 수 없을 겁니다. 직업에 대한 비하니까요.

　TV예능이 운신의 폭이 좁아진 만큼, 사람들은 TV
를 떠나기 시작했습니다. 뉴미디어의 발전, 유튜브의 대
두 등이 원인이기도 하지요. 하지만 지금도 유튜브로
2000년대의 예능 프로그램을 보는 사람들이 허다합니
다. 최근의 기획들이 절대적으로 재미없어졌다는 뜻이겠

지요.

예능인들이나 자막 팀의 센스 역시 곤란해졌습니다. 그중에서 가장 비웃음을 산 것이 또 〈무한도전〉의 대사입니다. 노골적인 대사나 표현으로 사람을 웃기는 것이 불가능해진 〈무한도전〉의 달라진 표현 수위나 대사들은 사람들에게 충격을 주기 충분했습니다.

이전에는 없었던 연예인 맹목적으로 띄워주기나, 손발이 오그라드는 귀여운 애칭의 사용, 시청자 심기를 거스르지 않는 유아어 사용 등등. 그 모든 충격을 한데 담은 유행어가 바로 "박보검~나웃겨"입니다. 〈무한도전〉에서 실제로 사용된 개그였지요. 숨 막히게 재미가 없어서 문제였지만요.

그리고 이 표현은 이제 너무 충격적으로 재미가 없는 댓글을 보면 대댓글로 달아주는 밈이 되었습니다. '박보검~나웃겨'. 하나도 웃기지 않고 오히려 유치하다는 감정을 비꼬면서 전하는 것이지요.

인터넷 유행어의 팔할은 심술입니다. '박보검~나웃겨'라는 표현이 과도한 검열과 불편함 때문에 생겨났음을 알고 있는 유저들은 오히려 더 민감한 표현을 넣어 사용합니다. 역대 대통령의 이름을 넣은 시리즈는 이미 유명하지요. '김대중~나웃겨', '노무현~웃터짐', '이명박~장대소', '박근혜혜혜혜'까지….

유사한 표현으로 "히트다 히트"도 있습니다. 너무 충

격적으로 재미없는 유행어를 끊임없이 미는 출연진들을 조롱하는 표현입니다. 이 역시 심술을 가득 담아서 사용하는 것이 용례입니다. 재미없는 무언가를 보면 대댓글로 "이거 완전 히트다 히트!"라고 써주는 것이 매너입니다.

역설적인 것은 '프로불편러'를 경계해서 수위를 낮춰서 쓴 이 표현들이 또 다른 이에게 불편해졌다는 겁니다. '박보검~나웃겨'라는 표현 역시 더 이상 쓸 수 없는 표현이 되었습니다. 재미가 없으면 재미가 없어서 불편하고, 민감한 표현을 쓰면 민감해서 불편합니다. 한쪽은 화를 내고 한쪽은 조롱을 합니다.

TV는 2000년대를 풍미했던 리얼 버라이어티를 굳이 더 끌고 갈 필요가 없어졌습니다. TV예능은 관찰예능으로 변신했습니다. 오히려 불편함을 역이용하기도 합니다. 일부러 갈등과 분노를 조장해서 관심을 끄는 겁니다. 연예인이 대중의 불편함의 도마 위에 올라가는 것은 곤란하니, 일반인들의 출연이 늘어납니다.

부모가 된 고등학생, 말 안 듣는 아이와 부모, 문제견을 키우는 견주, 자영업을 잘 못하는 자영업자 등등. 대중들의 불편함을 '해결해야 할 문제'로 접근하는 것이 아닌, '이용할 요소'로 본 것이 천재적입니다.

이제 TV는 국민들을 웃길 필요가 없습니다. 더 짜증나고 심각한 상황을 보여주며 차라리 분노를 유발하는 것이 더 편하니까요. 어차피 그 고통은 TV에 출연하고 싶

어하는 일반인이 감내할 일입니다. PD나 작가의 부담이
줄어들었는데 얼마나 좋나요?

> 뭐지? 이 인싸개그? 개꿀잼몰카인가?

TV가 관찰예능 전성시대를 맞으면서 관심은 인터넷으로
크게 옮겨갔습니다. 이전에 〈무한도전〉을 조롱이라도 했
던 것은 최소한의 관심이라도 있음을 반증하는 것이었지
요. 관찰예능의 이야기들은 아예 화제가 되지도 못하는
것이 요즘의 인터넷입니다. 직장인들은 〈나는 솔로〉 이야
기로 꽃을 피우지만, 상당수의 인터넷 커뮤니티 유저들
은 그 프로그램을 본 적도 없습니다.

그러다 보니 혐오의 대상은 또 바뀌었습니다. 인터넷
에서 보이는 유행 중에서도 비교적 마일드한 것들을 조
롱하는 것으로요. 대도서관, 양띵, 잠뜰 등의 당시 어린
시청자들이 많이 보는 것으로 알려진 유튜버들은 이 혐
오를 피해갈 수 없었습니다.

특히 대도서관의 경우, 진정한 **억까**[52]를 당했습니다.
〈일베저장소〉의 게임 게시판에서 '마일드하고 인기 있는
것'의 대명사로 꼽히던 여러 요소들이 섞인 템플릿이 있
었습니다. 당시 유행하던 PPAP, 언더테일, 그리고 그리스
로마신화 애니메이션의 '디오니소스님' 밈을 섞은 템플

---

52   억지로 까는 것. 억지로 비판하는 것을 억까라고 한다. 억울한 상황
     역시 억까라고 부른다.

릿이었지요.

대도서관은 2016년 당시에는 이미 사골 취급을 받던 밈들을 한데 섞은 영상을 만든 죄로 그 대표자가 되었습니다. 가상의 재민이[53] 시청자가 "대도서관이 몰카[54] 콘텐츠를 한다면" 식으로 만들어낸 글이 유행을 타버린 것입니다. 그 글의 가장 입에 감기는 표현이 "개꿀잼몰카"였기 때문에, 지금까지 '개꿀잼몰카'라는 표현으로 남아있습니다.

그 글의 부분 부분의 활용도가 너무 훌륭했던 나머지 갑자기 무언가가 등장하는 상황이 되면 '개꿀잼몰카인가?'라는 말을 사용하게 되었습니다. 누가 정색을 하는 상황에선 '아… 이건 좀 아니지 않나요?'라고 받아칠 수 있었고, 거기서 반전을 주고 싶으면 '너희 때문에 흥이 다 깨져버렸잖아 책임져!'로 이어 나갈 수 있었습니다.

〈일베저장소〉와 〈디시인사이드〉, 그리고 인터넷 방송 중에서도 코어 한 팬덤을 가지고 있던 〈다음팟〉 시청자들과 〈트위치〉 시청자들은 스스로가 '아싸'임에 자부심을 느꼈습니다. 자신들이 재미없다고 여기는 마일드한 개그를 "인싸개그"라고 부르며, 인싸에 대한 적개심과 열등감

---

53 초등학생, 어린 아이를 뜻하는 신조어. 음성 도네이션 플랫폼 '투네이션'의 어린이 목소리 재민이의 목소리가 재미있다는 뜻으로 잼+재민이를 합친 표현. 이후 모든 어린이를 재민이라고 표현한다.

54 인터넷 방송인들이 으레 하는 몰래카메라 콘텐츠. 성적인 뜻이 아니다.

으로 뭉쳤지요.

　처음의 '인싸개그'의 정의는 정말 인싸들이 쓸 법한 표현이었지요. 한물간 인터넷 유행어나, TV에서 억지로 유행시킨 유행어, 혹은 잼민이들이 좋아할 법한 콘텐츠를 의미하는 것이었습니다. 하지만 인싸와 인싸개그의 의미는 점점 확장되었습니다. 어느 순간 그냥 내가 싫어하는 건 다 인싸에 포함시키게 되었죠.

　인터넷 커뮤니티 유저들은 누가 봐도 인싸가 아닌 오타쿠들의 문화도 '인싸 문화'라고 조롱하기 시작했습니다. 내가 싫어하면 인싸가 되는 것이죠. "오타쿠들이 자기들끼리는 즐겁게 뭉쳐서 논다더라.", "오타쿠들은 **물품보관함**[55] 앞에서만큼은 클럽을 즐긴다더라." 같은 조롱을 담은 표현이기도 했습니다.

　'인싸개그'는 또 다른 의미를 갖기도 합니다. 한때는 내가 즐겼으나, 인싸들이 사용하면서 단물이 빠져버린 것에 대한 분노입니다. "안녕하살법"은 〈카구야님은 고백받고 싶어〉라는 애니메이션 속 캐릭터가 하는 제스처입니다. 이것이 잠깐 유행하던 시절, 오타쿠들은 자조적으로 이렇게 이야기했습니다.

　"인싸들은 늘 우리 것을 빼앗아 가기만 해."

　학창시절의 자신을 자조하는 것과 함께, 자신이 좋아

55　오타쿠들이 물품보관함 앞에서 신나게 춤을 추며 놀던 장면을 조롱하는 의미이다.

하던 것을 더 이상 즐기지 못하게 되었다는 설움, 자신과 인싸 사이에 선을 긋는 고독함까지 모두 느껴지는 명문입니다. 오유가또[56]처럼 "인싸가또"라고 쓰이기도 하지요.

병신TV

스스로를 아싸로 정체화하고, 세상의 인싸들을 혐오하며 낄낄대는 반사회적 인간들이 점점 침전하고 있습니다. 처음에는 TV 같은 대중매체, 그 후에는 유튜브의 '얌전한 매체', 그리고 궁극에는 내가 싫어하는 모든 것을 '인싸'로 정의합니다.

'인싸 유머'라는 표현을 유튜브에서 구체화한 것이 바로 "병신TV"입니다. 유튜브에 동명의 채널이 있지만, 오리지널은 〈디시인사이드〉의 '중세게임 갤러리'입니다.

인터넷을 하루종일 하는 저와 같은 분들은 이미 골백번도 들었을 이야기를, 쓸데없이 길고 장황한 대사와 편집으로 보여주는 유튜브를 조롱하는 표현입니다. 특유의 인트로를 표현하는 삐쇽빠쇽도 유명한 표현이 되었지요.

'병신TV'로 불리는 것들의 주제를 살펴보면, 모든 것을 전방위적으로 타격하고 있음을 알 수 있습니다. 영화 리뷰 채널, 종교 채널, 정보 채널 등등, 어떠한 공통점 없이 그냥 자기랑 결이 맞지 않으면 전부 '병신TV'입니다. '중세게임 갤러리'라는 공간이 원래 그런 공간이기도 합

---

56   '오유가 또 번번히 살려냈지요?' 라는 글에서 유래했다.

니다. 모든 게임을 혐오하면서 자신이 하는 게임은 숨기는 공간이지요.

이렇게 유튜브 역시도 인싸[57]의 영역에 들어가자, 또 다른 사람이 피해를 입게 됩니다. 유튜브를 통해 인터넷 커뮤니티의 밈이나 표현을 알려주던 채널들이 혐오를 당하게 된 것입니다. 인터넷 밈 수출의 대표 격인 한 채널은 협박을 당할 정도로 고통받았지요.

유튜브라는 공간 역시 인싸의 공간이 되었다고 생각한 이들은 인싸들에게 자신들의 문화를 알려주는 사람을 증오했습니다. 인터넷 커뮤니티에 그들이 밀려 들어오는 것을 혐오했지요. 〈디시인사이드〉 유저들은 인싸를 메뚜기 떼처럼 생각했습니다. 그들이 흥미본위로 우수수 들어왔다가 사라지면 그 공간은 초토화된다는 의미에서요.

여기서 캐치해야하는 것은 바로 '동질감'과 '배척'입니다. 나와 비슷한 결을 지니지 않은 사람은 배척하고 싶은 겁니다. 인터넷 커뮤니티의 밈을 외부로 수출하는 사람은 밈에 대해 빠삭한 사람일 테니 동질감이 느껴질 법도 한데, 그 역시도 '외부인'을 데려온다는 이유로 배척을 당했습니다.

---

57   나와 웃음 코드가 다른 사람을 의미한다. 원래는 '아싸'의 반대말이
      지만, 인터넷 커뮤니티에선 나와 웃음 코드가 다른 모든 이들을 '인
      싸'라고 싸잡아서 지칭하기도 한다.

가지마 푸바오 ㅜㅜ

반사회적인 사람들이 자신과 동질감이 들지 않는 존재는 배척까지 하니, 물은 더욱 고일 수밖에 없습니다. 나는 그들과 다른 존재라는 것은 일종의 자부심이기도 하니까요. 모든 힙스터들은 내가 남들과 다르다는 것에 열광하는 법입니다.

타인이 느끼는 감정에 공감을 못 한다는 것 역시 하나의 훈장이 되었습니다. 대중들의 감성과 일부러 역행하는 것에 쾌감을 느낍니다. 최근에 푸바오라고 하는 팬더가 중국으로 떠났습니다. 그것을 보고 많은 사람들이 안타까움을 느꼈죠. 하지만 인터넷의 여론은 그 안타까움을 조롱하는 편이었습니다.

자신이 푸바오가 떠나는 것을 보고 슬프지 않다는 것을 굳이 증명해야만 하는 사람들입니다. 초등학교 난간에서 얼마나 위험하게 미끄러질 수 있는지를 보여주는 것과 비슷합니다. 대중들의 감성과 다른 건 다른 거고, 남을 '불편'하게 여기는 것은 공통점이었기에, 내가 느끼지 못하는 감정을 느낀다는 것은 조롱의 대상이 되었습니다.

비슷한 것으로 고등어백반좌라는 글이 있습니다. 많은 이들이 사랑한 연예인이 죽는 것을 보고 슬픔에 잠기는 사람들을 조롱하고 비웃는 글입니다.

"자기 자신을 상품으로 내다 파는 주목산업의 상품들이 관심을 못 견디겠다며 죽는 것이 뭐가 불쌍한가. 그들보다 막노동하다가 고등어백반 허겁지겁 먹는 내가 더 불쌍한데 누굴 보고 불쌍하게 여기는가.”

이 글에서 읽을 수 있는 것은 박탈감입니다. 지금까지 인터넷 유저인 저를 중심으로 서술했기에 “인터넷 유저들이 어떻게 인싸들을 배척했는가?”를 이야기하게 되었지만, 실제로는 반대로 느낄 가능성이 높습니다.

“세상이 우리를 배척했기 때문에 우리 역시 그들에게 공감하지 않는다.”

영화 〈조커〉가 세간에 충격을 준 이유가 있습니다. 어떤 사람은 세상의 무례함을 온몸으로 받아낸다는 것을 세상에 알린 영화이기 때문입니다. 우리 사회에서도 누군가는 자신이 온몸으로 인싸들의 무례를 받아냈다고 느낍니다. 그렇게 성장한 그는 인싸라고 부르는 세상과 소통하기를 거부합니다.

반사회적이라는 표현을 사용했지만, 그들에게 사회적으로 굴라고 요구하는 것 역시 일종의 폭력으로 느껴질 수도 있는 것이지요. 특히 ‘이태원 참사’가 났을 때, 인싸에 대한 증오심은 폭발했습니다.

당연히 사람은 자기가 겪을 수도 있었던 일에 더 공포심을 느낍니다. 하지만 자신을 ‘아싸’로 정체화한 사람들은 이태원 참사에 일말의 공감도 하지 못합니다. 할로윈 파티를 스스로가 배척했든, 그들에게 배척당했다고 느꼈든, 참가해 본 적이 없기 때문입니다.

게다가 죽어가는 사람들 앞에서 춤을 추며 파티를 즐기는 인싸들에 대한 충격도 한몫했습니다. 인터넷에서 조롱하는 자신들이 옳다곤 못 하겠지만, 사망자 앞에서 파티를 한다는 시각적 충격이 컸기 때문입니다. 인터넷에 있는 그들이 세간의 감정에 공감을 못한다고 비난받아 왔는데, 그 세간의 인싸들은 뭐가 그리 다르냐는 감정을 공유하게 되었습니다.

물론 사회에서 소외되었다는 감정이 사회를 향한 조롱과 멸시, 분노로 이어지는 것은 경계할 일입니다. 영화 〈조커〉 역시 이런 이들이 세상에 존재한다는 것을 알리는 사회적 경고입니다. 하지만 누군가에게는 꼭꼭 숨겨졌던 '잔인한 사회화'에 대한 박탈감이 있을 것입니다. 대표적인 댓글을 하나 소개드리며 넘어가 보겠습니다.

"만약 너희가 게임 페스티벌이나 오타쿠 행사에서 참사가 있었으면 조롱하지 않았을까?"

> 담당일진 불러와라

하지만 그런 박탈감을 이해한다고 해도 납득할 수 없는 포인트들도 있지요. 그전의 메시지를 다시 읽어봅시다. 인싸라는 존재가 교묘하게 재정의되어 있죠. 인터넷 유저들이 사용하는 인싸의 의미는 나와 공감대가 다른 존재였습니다. 하지만 어느 순간 진짜 우리 사회에서 주류를 차지하는 인간으로 서술이 바뀌게 되었죠.

오타쿠 행사나 게임 페스티벌을 조롱하는 것이 정말로 사회 주류의 인싸였을까요? 글쎄요. 던파 페스티벌을 가장 조롱하던 것은 이웃 게임을 하던 유저였던 것 같지 않나요? 오타쿠 행사를 비하하는 용어가 인싸들에게서 유행했을까요? '물품보관소'라는 조롱을 인싸들이 잘 안다고 말할 수 있을까요?

〈디시인사이드〉에서 가장 많이 쓰이는 말은 '찐따'입니다. 역설적인 일이지요. 인터넷 커뮤니티를 주로 하는 유저들이 같은 커뮤니티 유저를 비하하는 용어가 '찐따'라는 것이요. '네 다음 환자'는 이미 '네 다음 찐따'로 바뀌어 굳혀졌습니다. 인터넷에서 모든 것을 조롱하는 인간 군상을 표현하는 말도 "쿨찐"입니다.

인싸라는 존재들에게 박탈감을 느낀 사람들이 모여있는 곳이니까, 그들이 가진 인싸에 대한 적대감과 비웃음을 이해해 주자는 말은 오히려 인터넷 커뮤니티의 생리를 피상적으로 본 결과물입니다. 소수자로 보이는 사람에 대한 막연한 동정심이지요.

실제로 그들이 과거에 객관적 인싸에게 상처를 입었을지도 모를 일이지만, 인터넷에서 아싸에게 가장 잔혹한 것은 바로 그들 자신입니다. 스스로를 찐따로 정체화하며 자조하는 개그정도는 문제삼을 것도 없습니다. 댓글에서 서로 키보드 배틀을 하면서 쓰는 표현들만 봐도, 그들이 얼마나 서로를 '사회성 부족한 찐따'로 몰아가고 싶은지 느껴집니다.

'나는 인터넷 방송, 커뮤니티, 게임 등으로 잠깐 스트레스를 풀러 온 정상인. 하지만 너는 인터넷에 매몰되어 평생을 가상에 바치는 사회 부적응자'

이 사고관은 인터넷 어디서든 볼 수 있습니다. "현실을 좀 살아"라는 일침은 쿨한 일침이 되고, 과몰입으로 먹고 사는 인터넷 방송인이 자신의 애청자에게 '과몰입 좀 하지마'라는 말을 하면 숭배합니다.

아싸인 스스로에 대한 자조, 타인을 찐따로 몰아가는 쾌락, 인터넷은 어쩌면 현실보다도 '-찐-'들에게 잔혹한 공간일지도 모릅니다. 학창시절의 '일진'들이 그들에게 무례했던 만큼이나, 인터넷에서는 서로가 서로에게 '쿨'하게 무례합니다.

그 수많은 **찐특**[58] 글을 보세요. 도저히 자신이 깊게 연관되지 않았다면 쓸 수 없는 글들 투성이입니다. 아싸들을 타자화하고 무시하는 인싸들은 쓸 수 없는 글들입니다. 타자를 혐오하는 **특징 글**[59]이라기보단 오히려 '공감글'에 더 가까워 보입니다. 우리는 자조라는 웃음으로 내 집단에 누구보다 거친 비수를 꽂습니다.

이런 현상은 강자선망으로 이어지기도 합니다. 자조

---

58   어떠한 집단의 특징을 말할 때 XX특이라는 식으로 줄여부른다.

59   인터넷 커뮤니티에서 어떤 대상 또는 집단의 특징을 적어 놓고 제목에 '특징'이 반드시 들어가는 유형의 글. (예시) 헬창 특징, 흙수저특

적 개그의 연장선으로, 그토록 증오해 마지않던 인싸의 최악의 부류인 '일진'을 동경합니다. 누군가가 분위기를 깨거나 공감의 결을 맞추지 못하면, "담당일진"을 불러오라는 말을 내뱉습니다.

'담당일진'은 마치 찐따의 억제기와 같은 역할로 사용됩니다. 폭력에 대한 찬양과도 같지만, 그 자조적 표현들은 퍽 웃깁니다. 사회성주입기, 자의식물리치료사, 라노벨을 찢는 자 등등… 학교폭력을 일종의 '사회화' 과정으로 보는 유머지요.

일진에 대한 재평가가 이루어지며, 마치 '찐따'의 안티테제인 것처럼 표현됩니다. 어디서도 잘 끼지 못하고 분위기를 읽지 못하며, 스포츠도 공부도 잘하지 못한 '우리'와는 정반대의 존재입니다. 일진들은 학창시절을 진정으로 즐기고, 어느 집단에서든 사랑받는 존재로 묘사됩니다.

강자선망은 도덕성의 붕괴로 이어집니다. 인터넷 이전에도 분명히 강자선망은 있었겠지만, 지금처럼 대놓고 표현되는 사회는 없었을 겁니다. 오히려 도덕이 더 중요하다고 설득하는 프로파간다가 일반적이었습니다. 예전에는 학창시절의 강자들은 사회에 나오면 약자가 될 것이고, 학창시절의 약자들이 오히려 강자가 될 것이라는 말이 정설처럼 돌아다녔잖아요.

그러나 현재 인터넷에서 나오는 자기고백적 표현들은 그렇지 않습니다. '아싸'에게 성공의 능력이 있으리라고 말해준 사회는 배신감을 안겨줬습니다. 하얀 거짓말에 배신당하는 것이 더 큰 충격을 주는 법인가 봅니다. 약자에게 자신감을 잃지 말라고 한 그 거짓말은 사회에 대한 불신을 낳았습니다.

사회에 나와보니 일진, 인싸들이 더 대접받더라, 군대에서도 놀아본 친구들이 생활을 더 잘하더라, 사회성과 인간성이 반비례하는 것이 아니더라, 악한 자가 불리한 사회가 아니더라.

이제 '인싸와 아싸', '담당일진과 찐따'가 단순한 이미지로 도식화될 수 없음을 알았지요. 오히려 그 감정은 '양가감정'에 가깝습니다. 인싸에 대한 박탈감과 시기 질투라는 부정적 감정, 사회성이 높고 누구에게나 사랑받는 강자에 대한 선망이라는 긍정적 감정은 혼재되어 있습니다.

사회의 하얀 거짓말 때문에 발생한 인지부조화. 이제는 그 따뜻한 위선에 아싸들은 기대고 싶지 않습니다. 내가 증오하던 강자가 미래에는 패배할 것이라는 말은 증명된 적이 없습니다. 아니, 그런 케이스가 더 많을지도 모르지만 진부한 이야기는 재미가 없습니다.

우린 이제 '악한 강자' 대신 '약자'를 탓하기로 했습니다. 어쩌면 강자가 선이고 약자가 악일지도 모릅니다. 강자가 선한지는 몰라도 약자가 선하진 않은 것 같습니다. 찐따인 것이 죄악이고, 아싸인 것이 문제입니다. 그게 타고난 것이든 아니든, 우리에겐 아래와 같은 '팩트'가 더 중요합니다.

　"약자를 좋아하는 사람은 없다."

언더도그마의 시대

'곳간에서 인심난다'는 표현이 있습니다. 경제적 여유가 있는 사람이 인품도 뛰어나다는 말이지요. 아주 예전부터 있던 말이지만, 최근 들어 더욱 주목받고 있습니다. 2018년 영화 〈기생충〉이 지적하듯, 강자와 약자의 문제에 도덕성이 끼어드는 것은 이젠 세련되지 못한 화법입니다.

　가난하지만 착한 사람과 부유하지만 나쁜 사람의 대립은 스테디셀러였지요. 우리가 이입하기에는 '착한 소시민' 쪽이 좋기 때문입니다. '유전무죄, 무전유죄'로 대표되는 지난 역사도 한몫했습니다. 권력자나 경제인은 부패의 온상이요, 소시민은 그 등쌀에 터져 죽는 존재로 보였습니다.

　노동운동을 하는 좌익 계열에선 이미 지적된 문제입니다. 노동운동을 다룬 2013년 웹툰 〈송곳〉에서는 이런 표현이 나옵니다. "우리는 시시한 약자를 위해 시시한 강자와 싸우는 것이다." 누가 선하기 때문에, 누가 악하기 때문에 그들의 편을 들어주는 것이 아니라는 말입니다.

　오히려 피에르 부르디외의 '아비투스'는 구조적으로 계층에 접근합니다. 그들이 자라온 배경과 축적된 환경이 개인의 가치관과 취향을 만들어낸다는 겁니다. 인터넷에선 강자의 아비투스에 '비도덕'이 있다고 지적받는 것보다, 약자의 아비투스에 '몰상식'이 있음을 지적하는 경우가 더 많습니다.

"흙수저특"이라는 밈이 있습니다. 2014년에 "흙수저론"이 활개를 칠 때 등장한 표현입니다. '흙수저론'은 거대서사에선 '금수저'에 대한 박탈감을 중심으로 사용되었지만, 좀 더 그 표현이 나온 필드에 가까운 영역에선 흙수저의 아비투스에 대한 자조가 더 눈에 띄었습니다.

"흙수저특) 동네 담벼락에 SEX라고 쓰인 낙서 있음"

"흙수저특) 선생님도 학생 담배피는 거 계도 못함"

"흙수저특) 화장실에서 한약 달이고 있음"

이에 대조되게, 금수저에 대한 찬양도 올라옵니다. 강남 등의 부자 동네에 가면 거리가 깨끗하고 사람들이 인사성이 밝다는 식의 글이죠. 금수저특과 흙수저특 게시물을 대조해서 보면 금수저에 대한 선망과 흙수저에 대한 거리낌이 생길 정도입니다.

흙수저와 금수저로 예시를 들었지만, 인터넷의 강자 선망은 어디서든 나타나는 현상입니다. 게임을 할 때도 실력이 좋은 유저가 인성도 좋을 것이라 생각합니다. 연애를 많이 해본 사람이 더 좋은 사람일 거라 보고, 국제관계 역시 강한 쪽이 정의일 거라 믿습니다.

이 시대가 가져온 말이 있습니다. "언더도그마"입니

다. 언더도그마란 사회학에서 '약자'를 뜻하는 '언더독'과 '독단'을 뜻하는 '도그마'의 합성어로, '약자는 선하고, 강자는 무조건 악하다'고 믿는 인식을 가리키는 말입니다. 미국의 저명한 학자들이 연구하는 현상으로 알려졌지만, 실은 한 보수 논객의 책 제목일 뿐입니다. 실제로는 미국에서 유행한 적도, 공인된 표현도 아니죠.

언더도그마라는 표현은 미국보단 한국에서 훨씬 많이 쓰이는 표현입니다. '강자가 악하고 약자가 선할 것이라고 생각하는 현상'을 지칭하는 한국의 유행어라고 봐도 무방합니다. 2010년대 중반부터 인기를 얻은 언더도그마에 대한 비판은 시대와 사건들이 잘 맞아떨어지면서 인터넷의 핫 키워드가 되었습니다.

한국에서는 2010년대 중반부터 페미니즘이 인기를 얻거나, 소수자 이슈가 강해지거나, 진보 정치 세력이 인기를 얻기 시작했습니다. 선별적 복지와 보편적 복지 이슈부터, 최근에 와서는 '재난지원금' 이슈까지. 사회적 약자, 소수자에 대한 관심은 날로 늘어갔습니다.

사회적 약자에 대한 지원과 배려가 화두에 오를수록, 그에 대해 비판적 견지를 지닌 사람도 늘어났습니다. 처음에는 '그들이 정말 사회적 약자가 맞는가?'라는 마일드한 논지에서 시작했지요. 정말로 그들이 약자라면 도와줘야 마땅하겠지만, 어쩌면 약자의 탈을 쓰고 이득만 취하려는 체리피커일 수도 있지 않겠느냐는 비판적 시각이 대세였습니다.

하지만 언더도그마에 대한 비판의식이 대세가 되면서 여론은 조금(?) 달라졌습니다.

"사회적 약자면 뭐 어쩌라고."

'사회적 약자라면 응당 도와야겠지만'이라는 전제에 대한 반감이 출발한 것입니다. '사회적 약자가 선한 존재가 아니라면 우리가 왜 도와줘야 하는가?' 라는 의문이죠. 단순히 약자의 도덕성을 논할 이유는 없습니다. 약자에 대한 혐오감, 약자라는 신화를 부수고 싶어 하는 이유는, 약자를 더 이상 품을 재간이 없기 때문입니다.

이미 우리 사회의 주류는 사회적 약자를 무임승차자로 보고 있습니다. '해줘'라는 표현은 사회적 약자가 책임감 없이 사회에 바라는 것이 많다는 것을 비웃는 표현입니다. 자신이 약자라는 명찰을 내밀고 세상에 '해줘'라고만 말하면 무엇이든 이루어지니 얼마나 좋겠느냐고 비웃습니다.

천룡인[60]이라는 표현도 있습니다. 사회적 약자는 범법을 저지르거나 사회에 물의를 일으켜도 어떠한 제재도 받지 않는 특권 계층이라는 의미입니다. 사회적으로 합의된 '약자'에 대한 반감은 소수자 혹은 약자라는 말 전체에 대한 반감으로 퍼져나갔습니다.

---

60   만화 '원피스'에 등장하는 귀족 계층. 하층민들을 가축처럼 여긴다.

나는 2등시민

보통 강자선망은 '타자화'와 '동일시'가 동시에 일어납니다. 약자와 자신을 타자화하고, 강자와 자신을 동일시하지요.

대중적인 '언더도그마'의 비판의식은 강자선망일 수 있습니다. 강자와 스스로를 동일시하고, 약자와 선을 긋고 싶었을 수 있지요. 하지만 2020년대 대한민국의 '무임승차론'에 담긴 강자선망은 결코 강자와 스스로를 동일시하지 않습니다. 강자, 그 밑의 사회적 약자, 그리고 그 아래에 있는 '진짜 약자'인 우리를 주목해 달라는 메시지에 가깝습니다.

앞서 얘기한 '담당일진'은 보통 타인을 조롱할 때 쓰는 표현이지만, 스스로를 자조할 때 쓰는 표현이기도 합니다. 자신이 담당일진이 없어서 사회화가 되지 못했다는 식입니다. '담당일진'을 불러오라는 표현 역시 주목할만 합니다. 보통 상대가 사회화가 되지 못했으면 이런 표현을 쓸 법하잖아요?

"아… 진짜 내 앞에 있었으면 엄청 맞았을텐데."

하지만 '담당일진' 밈의 용례는 다릅니다. 내가 그를 교육하였다가 아니라, '강자'가 와서 그를 교육해 줬으면 좋겠다는 논지입니다. 살짝은 비겁하고 비굴하지요. 하지만 어떤 의미에선 기가 막힌 메타인지입니다. '나도 찐따인데 널 어떻게 교육시키겠느냐?'라는 차가운 자기 인식이 드러납니다.

인터넷의 강자 선망은 강자와 스스로를 동일시하지 않습니다. 오히려 '약자' 쪽에 더 이입하는 경향이 큽니다. 약자와 선을 긋기는커녕 스스로가 추악한 약자임을 자기고백합니다. 금수저, 일진, 인싸 등의 존재가 우월함을 받아들이고 그들에게 박탈감을 느끼고 있음을 신앙고백 하며 서로 공감해 줍니다.

이 세계관에서 가장 증오받는 것은 역시 '사회적 약자'입니다. 그들은 흙수저, 찐따, 오타쿠, 모태솔로인 '나'에 비하면 엄청나게 행복한 존재입니다. 1장에서도 말했듯 우리는 '내가 아닌 집단'은 무조건 나보다 유리할 것이라고 믿습니다. 그들이 약자라는 것에 공감도 안 되고, 오히려 약자라는 것을 이용해 이득만 좇는 것이 더 눈엣가시입니다.

사회적 약자에 대한 적대감 덕분에, 그들은 스스로를 약자라고 인식하면서도 약자라는 표현을 쓰는 것을 꺼립니다. 그런 그들에게 "2등시민"은 기가 막힌 대체 표현이었지요. 소수자 정체성을 지니고 있는 사람들이 오히려 이 사회의 1등시민입니다. 그런 명함조차 지니지 못한 나야말로 진짜 약자, '2등시민'입니다.

1등시민으로 지목되는 자는 금수저, 연예인, 운동선수 등의 '강자'가 아닌 것을 보실 수 있습니다. 여성, 장애인, 성소수자 등의 사회적으로 합의된 '사회적 약자'들이 보통 1등시민으로 꼽힙니다.

이는 일종의 굴절혐오입니다. 특히 이성관계에서 여성이 주로 두려워하는 데이트 폭력이나 그루밍 성범죄 등은 '인싸 남성'인 절대적 강자에게 당하는 것인데, 왜 '2등시민'인 내가 그 혐오를 받아내야 하느냐는 의문을 가지기도 하지요.

'알파메일 남성'에 대한 분노는 거의 찾아보기 힘듭니다. 왜냐하면 강자가 아닌 '약자인 내가' 잘못된 것이기 때문입니다. 자연스레 그런 양아치들보다도 자신이 선택을 받지 못하는 것에 대한 자조나 양아치를 걸러내지 못하는 여성에 대한 조롱으로 끝마치는 것이 흔한 전개입니다.

'2등시민'들은 아예 스스로를 "도태"되었다고 표현하기도 합니다. 표현이 점점 날 것으로 변해가죠. "인간을 하나의 동물로 보면 우리는 사회적으로나 성적으로나 선택받지 못하는 존재인데, 우리의 유전자는 도태 유전자가 아닐까?"라는 의문에서 시작된 표현입니다.

스스로를 '도태'라고 부르는 사람들쯤 가면, 강자 선망 역시 없어집니다. 강자들의 삶이 그들을 더욱 박탈감이 들게 만들고, '사회적 약자'들처럼 조직된 단결력을 보여주는 것도 사치스럽게 느껴집니다. 자신의 무력감과 패배감만이 허공을 맴돌 뿐.

"누가 약자인가?"에서 시작해 "약자면 어쩌라고"로

끝나는 지옥 같은 논의는 '도태'를 낳았습니다. 세상에 무언가를 요구할 용기도 나지 않습니다. 왜냐하면 그들이 지금까지 조롱해 왔던 것이 사회에 '해줘'를 하는 약자였기 때문입니다.

'2등시민'들의 미덕은 사회에 피해를 끼치지 않고 사회에서 사라져 주는 것입니다. 더 반사회적인 사람은 사회에 한 번 엄청난 이벤트를 보여주고 가려는 사람도 있지만, 99%의 '도태'들은 그냥 이대로 자신의 불꽃이 꺼지길 원합니다. 누군가에게 도와달라고 할 여력도, 희망을 품는 것도 모두 지칩니다. 그저 그들은 누워있습니다.

여자가… 말대꾸?

권력관계에서 오는 사회 불신과 반사회성을 이야기해 봤으니, 성과 관련된 사회 불신도 짚고 넘어가 봅시다. 아까 사회적 약자 이야기를 하다 보니 자연스럽게 '여성'에 대한 이야기가 나왔지요.

여성은 또 여성 나름대로 살남마(남자만 살해하는 사람. 살인자의 '인'을 '남'으로 바꾼 것)하기라든지, 트위터에서 한남문학을 쓰며 여성 입장에서의 박탈감을 인터넷 문화로 풀어내고 있습니다만, 글쓴이의 성별의 한계로 피상적인 분석이 될 것 같아 과감하게 생략하겠습니다.

2010년대 중후반은 그야말로 성 전쟁이었습니다. 페미니즘의 대의는 성평등이었지만, 인터넷에서 시작한 이

유행은 처음부터 혐오로 얼룩져있었습니다. 사실상 페미니즘이나 반페미니즘은 허울에 불과했지요. 그 모든 시작은 〈여성시대〉와 〈SLR클럽〉, 〈오늘의유머〉 등의 갈등에서 시작했으니까요.

그러다 보니 인터넷에서 하는 '성별'에 대한 이야기들은 하나의 조류로 설명하기 어렵습니다. 가령 '여성들은 남성에게 무엇을 원하는가?'조차 한마디로 딱 떨어지게 정의 내릴 수 없습니다. 페미니즘적인 시각으로 말하자면 남성과 여성이 책임과 의무를 동등하게 지며 동등한 인간으로 대접받길 원한다는 모범답안을 얘기할 수 있겠지요.

하지만 실제로 나오는 혐오의 양상은 천차만별입니다. 남성이 젠더 감수성이 없다고 토로하는 사람도 있는가 하면, 남성이 여성에게 배려가 없다고 토로하는 사람도 있습니다. 남성이 '가부장적 미덕'을 보여주지 않는다고 욕하는 사람도 있고, 남성이 LGBT 등의 성적 자유주의에 동의하지 않는다고 보수적이라고 욕하는 사람, 남성이 포르노 합법화를 원한다고 성적 방종에 찌들었다고 욕하는 사람 등등 다양합니다.

2010년대 후반 인터넷 담론을 페미니즘이 중심에 서 있던 시기라고 표현하는 것은 피상적 접근이라고 보입니다. 백인백색의 여론이 '혐오' 하나로 드러났던 시기일 뿐이고, 아마 남성이 어떻게 변하든 변한 그 이유로 혐오를 받을 것입니다. 반대도 마찬가지고요.

하지만 이 안에서도 나름의 공통점이나 조류를 찾아내야하는 법. 여성들이 가장 충격적으로 느끼는 포인트가 '공포'였다면, 남성들이 가장 충격적으로 느낀 것은 '검열'이었습니다. 2010년대 후반부터 지금까지도, 문화 전쟁의 불꽃은 꺼질 줄을 모르죠.

여성들에 비해 남성들은 비교적 나이브했습니다. 아니 정확히는 무관심했지요. 여성들이 남성향과 여성향을 적확하게 구분하는 반면, 남성들은 여성향이 어떤 가치를 내거는지도 몰랐습니다. '알페스'라고 불리는 RPS(Real Person Slash. 실존인물을 가지고 하는 망상글을 뜻한다) 이야기를 꺼내면, 지금도 꽤 많은 남성들은 그것의 정확한 정의는 모르고 감정만 남아있는 것을 볼 수 있습니다.

"그거 여자들이 온라인으로 성희롱하는 거 아니야?"

틀린 말은 아니지만 적확하게 인지하고 있지 못하지요. 하지만 남성들이 여성들의 문화를 알기 시작하면서 남성들은 왠지 모를 배신감을 느끼게 됩니다. 지금까지 여성가족부 등에서 하는 문화 검열 사업이나, 여성들이 남성들의 문화를 보고 더럽고 음란하다고 비난했던 것에 비해서, 여성향이 그렇게 도덕적으로 우월한지 알 수 없었기 때문입니다.

가장 처음 이 불만이 터져 나온 것은 TV 예능입니다. "재봄 오빠 찌찌 파티"라는 명언이 지금까지 회자되지요. TV에서 나오는 여성들의 성상품화나 여자 아이돌의 선정성을 지적하던 네티즌이, 남성 성 상품화와 선정적인 남성 아이돌에는 열광하고 있었다는 것이 큰 충격을 안 겨줬던 것이지요.

이를 비롯해서 그 뒤로 RPS가 공론화된다든지, 〈여성 시대〉의 〈SLR클럽〉에서의 성인물 유포 사건이라든지… 남성들은 이제 여성들이 '자신들의 문화'에는 성적으로 개방적인데, '남성들의 문화'에는 굉장히 부정적이라는 것을 지적하기 시작합니다.

물론 나름 할 말이 있겠지요. 이성애 속의 폭력적 알레고리가 어쩌고저쩌고하면서 설명하려면 저도 온종일 설명할 수 있습니다. 그러나 남성들이 거기에 동의해 주느냐가 문제겠지요. 남성들 대다수가 보기엔 이런 현상은 철저히 **내로남불**[61], 이중잣대로만 보였을 뿐입니다. 인터넷 속 여성에 대한 부정적 인식 1위를 꼽으면 무조건 이중잣대가 먼저 꼽힐 겁니다.

여성들이 얼마나 자유로운 성 묘사를 하는가보다 더 남성들을 '긁'은 것은, 남성향 문화에 대한 검열 시도들이 었습니다. 꼭 여성이 아니더라도, 고전적인 이성애 중심의 성적 묘사는 정부 차원에서 늘 검열되었지요. 전 세계적으로 포르노가 금지된 몇 안 되는 나라에 사시는 여러분께 대단하다는 의미의 박수를 보냅니다.

게임, 만화, 웹툰 등의 서브컬처 팬덤은 더욱 이 분야

61	내가 하면 로맨스, 네가 하면 불륜이라는 아주 오래된 줄임말.

에 민감하죠. 한국에 들어오는 만화들은 출판사가 자체 검열을 하는 경우가 대다수입니다. 일본에서 출간되는 수위로 출판을 할 자신이 없는 거죠. 성적 묘사나 유혈 묘사는 대부분 화이트칠 되어서 보입니다.

웹툰은 어떤가요? 한국에서 한국인 작가가 창작한 한국 만화임에도 불구하고, 한국 웹툰계의 제1플랫폼 '네이버 웹툰'에선 여성의 청바지를 입은 하반신을 검열한 적이 있었습니다. 이유는 따로 밝히지 않았지만 아마 선정성이 이유였겠지요.

남성향 창작물에 대한 검열 문제는 게임에서도 마찬가지였습니다. 한국은 포르노를 막기 위해 정부 차원에서 인터넷 접속을 차단하는 나라잖아요? 전 세계적인 게임 판매 플랫폼 'STEAM'에서 출시되는 성인 게임들도 '게임물관리위원회'의 승인을 받지 않았다는 이유로 판매 금지를 선언했습니다.

대부분 3~4년 전에 끝났던 담론들이 나오는 이 책이지만, 검열과 자유에 대한 이슈만큼은 현재 진행형입니다. 지금도 네이버 웹툰이 여성향 편향적이라는 논란이 인터넷에서 떠돌고 있습니다. 이런 상황에서 남성들은 문화적 박탈감을 느꼈습니다. 남성들을 위한 문화는 모두 검열되어서 볼 수 없게 되는가 하는 짜증이었지요.

이런 상황에서 네이버 웹툰의 〈쇼미더럭키짱!〉에서 2021년 등장한 "여자가… 말대꾸?!"라는 대사는 신선한 충격을 줬습니다. 작품 자체가 막 나가는 구성이었기 때문에 등장할 수 있던 대사였지만, 인터넷에서는 나름의 통쾌함을 느꼈습니다.

'미친 캐릭터가 미친 대사를 하는 것조차 검열하던 나라에서 이런 대사가 나올 수 있다니!'

제정신이 아닌 강건마가 제정신이 아닌 세계관에서 하는 대사였기 때문에 맥락상 문제는 없지만, 이런 논란에 무척이나 조심스러웠던 네이버 웹툰답지 않은 대사였기 때문에 더욱 빠르게 유행을 타게 되었습니다.

혹시 내가 성인지 감수성이 부족한가?

문화적인 이야기를 알아보았으니, 법적인 이야기도 해봅시다. 2018년 이후 자주 사용되던 법적 용어입니다. "성인지 감수성"이죠. 성별 혹은 성적 차이를 잘 인지하고 있는 감수성을 의미하지요. 잘 정의된 용어가 아닌지라 정의를 내리는 것 자체가 부담스러운 일입니다만, '다른 것은 다르게'라는 의도라고 표현할 수 있겠습니다.

문제는 성인지 감수성이라는 것 자체가 법적인 대원칙을 무시할 가능성이 높다는 겁니다. 성의 차이를 고려한다는 것은 양형 기준의 차이를 두겠다는 이야기가 될수도 있고, 같은 사건이어도 성별이 다르면 다르게 판단하겠다는 이야기가 될 수도 있습니다.

특히나 남성들이 '성인지 감수성'이라는 말로 인해 공

포에 떨었던 이유는, '무죄추정의 원칙'이 지켜지지 않을
것이라는 두려움 때문이었습니다. 성인지 감수성이 주로
근거로 활용될 때는, 여성이 피해자이고 남성이 가해자
로 지목되었을 때 여성 측의 말을 더 신뢰하겠다는 의미
였기 때문입니다.

특히 성범죄는 진술과 정황증거 외에 물증을 찾아내기
가 어렵기 때문에 성인지 감수성은 그야말로 논란의 중심
에 설 수밖에 없었습니다. 성인지 감수성을 판결에서 발
휘하지 않겠다는 것은 사회적 약자인 여성에게 법이 더
냉혹하다는 이야기가 되고, 성인지 감수성을 발휘하겠다
는 말은 남성을 유죄추정하겠다는 이야기가 됩니다.

그래서 '성인지 감수성'은 현재는 법적으로는 거의 쓰
이지 않는 표현입니다. 2024년 대법원 선고에서 성인지
감수성이 무죄추정의 원칙을 훼손해서는 안 된다는 판결
(대법원 2023도13081 판결)을 냈기 때문입니다. 하지만 '성
인지 감수성'이라는 표현이 가져다준 인터넷의 파급력은
어마어마했지요.

어떻게 보면 여성들에겐 통쾌한 일일 수도 있습니다.
남성들이 여성을 두려워하기 시작했습니다. 굉장히요.
일관된 진술이 있으면 법적인 처벌까진 몰라도, 합의금
을 뜯길 수도 있다라는 불안감을 남성들은 다 같이 학습
하기 시작했습니다.

그와 동시에 '성인지 감수성'이라는 표현 자체에 '감수

성'이 들어가기 때문에, 조롱과 희화화를 당하기 아주 좋았습니다. "법에서도 감수성을 챙겨야만 여성을 위할 수 있구나….", "내가 여성의 감정을 신경 써주지 않은 이유로 범죄자가 된다면 어쩔 수 없겠는걸?" 등의 비꼼은 지금도 흔히 찾아볼 수 있습니다.

혹은 인터넷에서 유달리 이해하기 어려운 여성의 글이나 주장을 보고 단체로 조롱할 때 쓰이기도 합니다. "혹시 내가 성인지 감수성이 부족해서 이해가 안 되는 건가?"라고 어이가 없다는 감정을 비꼬면서 전달하거나, PC하신 분들이 주로 사용하는 표현이라고 조롱받는 '공부하세요!'와 합쳐서 성인지 감수성 공부부터 하시구[62] 등으로 활용되지요.

성인지 감수성은 남성들에게 거대한 사법불신을 안겨줬습니다. 문화검열이 정부와 동료 시민에 대한 짜증 수준의 불신을 안겨줬다면, 성인지 감수성이 낳은 사법불신은 조금 더 절망에 가까운 불신을 안겨줍니다.

특히 기폭제가 된 2017년의 '보배드림 곰탕집 성추행 사건'에서 남성들은 사법불신을 여과 없이 드러냈습니다. 물증이 하나도 없는 사건에서 피해자 여성이 '일관된 진술'을 했다는 이유로 남성이 유죄 판결을 받을 수 있다는 것에 분노했습니다.

이 사건으로 인해 한국에서도 '펜스룰'이라는 말이 유

---

62   여초 커뮤니티인 '소울드레서'에서 주로 사용하는 문체.

행하기도 했습니다. 원래는 미국의 부통령이었던 마이클 펜스의 이름을 딴 말로, 가정의 평화를 위해 아내가 아닌 여성과는 절대 가까이하지 않는다는 행동규칙입니다. 성적인 추문으로 무고를 당하는 것이 두려운 남성들은 성에 대한 문제를 원천 차단하기 위해 이성과 어떠한 사적 관계도 맺지 않는다는 것이지요.

때는 '곰탕집 사건'과 미투 운동으로 성범죄에 대한 민감성이 올라간 시기였기에, '펜스룰'은 엄청난 화제가 되었습니다. 하지만 이 행위 자체가 전근대적인 것은 사실이지요. 특히 회사에서도 일을 잘하는 사원보다 친하게 술 한잔 기울일 수 있는 사원이 빨리 승진하는 마당인데, 이성과의 사적인 활동을 배제하는 운동의 확산은 여성의 사회 참여를 막는 것이라고 비판받기도 했습니다.

하지만 '펜스룰'이 상징하는 것은 남성들이 그 정도로 사법불신이 심하고, 더 나아가서 여성에 대한 불신도 깊어졌다는 것입니다. 설마 이 사람이 그러겠냐는 생각으로 우리는 살아가지만, 그런 '인정'조차 위험한 행위로 규정하는 것이 유행인 것이지요.

결혼하지마

"늬들은 결혼하지마라… 진심이다…."

"왜?"

"그냥 하지마 이 씨발새끼야."

인터넷에 떠도는 비혼개그의 대표주자입니다. 결혼을 하지말라고 진심어리게 조언하고 있지만, 그 이유를 생각하다 보니 또 열이 받은 듯 "그냥 하지마"라고 대답하는 것이 웃음 포인트죠.

비혼 개그는 아주 오래된 유머입니다. 특히 남초집단에 유부남이 있다면 절대 빠질 수 없는 개그죠. 겉으로는 행복해 보이고 단란해 보이는 가정을 꾸린 사람들이, 속내는 썩어들어가고 있는데 말을 못 한다는 류의 유머는 전 세계적으로 보이는 공감(?) 개그입니다.

인터넷 밈의 핵심은 아무래도 반복과 변주에 있기 때문에, "결혼하지마" 역시 수없이 변주되어 왔습니다. '씨발하지마 결혼새끼야'라든지, '결혼하지마'라고 말한 사람에게 '왜?'라고 물으면 중간의 말을 빼먹고 그냥 '씨발새끼야'라고 욕만 한다든지… 범용성이 좋은 드립이지요.

이런 개그를 비혼개그라고 칭하기 시작한 것은 2010년대 후반이지만 그 이전부터 많은 사람들이 비혼개그를 구사해왔습니다. 인터넷에서도 수없이 많지요. 조금 오래된 밈이지만 내무부장관은 어떨까요. 자신이 아내에게 꽉 잡혀 산다는 것을 드러내는 유머입니다.

허나 2014년 이후로 성별갈등은 늘어나고, 비혼은 정말로 하나의 운동처럼 여겨지기도 했습니다. 페미니즘 계열에서 4B(비혼, 비출산, 비연애, 비성관계) 운동이라는 것을 내세우며 이성과의 모든 관계를 끊어내는 것을 구호로 삼자, 남성들도 이에 질세라 우리도 결혼할 생각 없다며 응수했지요.

이런 상황에서 남녀 공통의 적이 된 것은 기혼자였습니다. 여초 커뮤니티에서 기혼 여성은 여성이 아니라며 선을 긋는 것을 볼 수 있습니다. 그들이 여성 집단에서 쫓겨난 이유는 기혼여성은 여성이 아닌 남성의 편을 든다는 이유였습니다. 요즘 흔히 쓰이는 남자아이 이름인 '민준맘' 혹은 '서준맘'은 기혼 여성에 대한 멸칭으로 쓰이지요.

또한 그들을 적대하는 동시에 조롱하거나 안타깝게 여기기도 합니다. '결혼'은 여성의 삶에서 불행하기 그지없는 것인데 그런 그릇된 선택을 한 것에 대해 동정하는 척 조롱하는 것이지요. 인터넷 커뮤니티의 세계관에서 결혼은 스스로 자신을 노예로 만드는 것입니다.

남성도 마찬가지입니다. 지금까지 유부남들이 자조적으로 '비혼 유머'를 해왔던 것은 그 피해자(?)가 자신이기 때문에 할 수 있던 유머였습니다. 하지만 그들이 자조하는 것조차 우리는 가만히 두고 볼 수 없습니다.

내무부장관이라고요? 스스로가 노예인 것을 자랑하는 것에 불과합니다. 마치 군대 얘기를 하는 남자들이 자신들의 군 생활이 얼마나 빡셌는지를 자조하듯 자랑하는 것과 마찬가지로 보입니다. 결혼이라는 불리한 제도 속으로 스스로 걸어갔으면서, 그 구조를 마치 농담처럼 말하는 유부남들이 가증스럽기 그지없습니다.

이전에 유부남들이 자조적으로 했던 비혼개그는 진짜 비혼의 시대가 오며 역습의 멘트로 사용되었습니다. 그 전의 분위기가 마치 〈기생충〉의 "그래도… 행복하시죠?" 같은 마무리로 훈훈하게 끝났다면, 현재의 인터넷 커뮤니티 분위기는 정반대입니다. 기혼인 사람들은 자신이 얼마나 행복한지를 증명해야 하고, 미혼인 사람들이 기혼의 행복을 깎아내리고자 합니다.

물론 밈의 특성상 진짜로 기혼을 증오하고 결혼이 재앙이라고 생각하는 사람은 많지 않을 것입니다. 하지만 그런 극단주의자들이 만들어낸 밈이 인터넷을 지배합니다. 단순히 남을 '긁'기 위해서 결혼한 사람을 불쌍하게 여기는 사람이 대부분이지만, 이런 밈들이 재생산되면서 인터넷에서는 이런 분위기가 지배적이게 되었습니다.

"네가 행복한 것을 절대 믿어주지 않겠다."

꼭 결혼에 한정된 문제가 아닙니다. 인터넷에 어떤 삶을 산다고 자기고백을 하면 반드시 그 밑에 조롱과 멸시가 따라붙을 겁니다. 중소기업에 재직 중이지만 자신이 행복하다고 하는 사람에겐 굳이 '넌 평생 서울에 집을 못 살 거야'라는 조롱이 따라붙습니다. 아니 조롱이라기보단 악담이나 저주 같습니다. 자신이 생각하는 이미지대로 남들이 살 것이라는 확신과 독선이 인터넷을 지배하고 있습니다.

설거지론, 사랑을 불신하다

사랑이란 무엇일까요? 최소한 결혼과 동의어는 아닌 듯합니다. 나이가 좀 있는 분들이라면 결혼은 중매나 선을봐서 하는 거였을 거고, 젊은 독자분들도 결혼은 사랑보다는 조건일 수 있겠지요.

"결혼은 조건이다"라는 말은 사실 따지고 들면 끔찍한 말입니다. 하지만 우리 사회는 그런 이데올로기를 숭상했지요. 어린 시절 급훈이나 선생님의 말씀으로 이런말을 들어본 사람이 있을 겁니다. "네가 10분 덜 자면 미래 배우자의 외모가 바뀐다!"

한국 사회는 급속 성장을 이루어내기 위해 사람들을줄 세우고 경쟁시키는 데 몰두했습니다. 그리고 그 보상을 엄청나게 확대했지요. 학창시절의 좋은 성적은 곧 좋은 대학교, 좋은 대학교는 곧 좋은 직장, 좋은 직장은 좋은 결혼, 좋은 결혼은 좋은 가정, 좋은 가정은 좋은 부동산으로 이어졌죠.

좋은 성적과 직장이 곧 좋은 결혼을 의미한다는 것은슬프지만 대부분 맞는 말일 겁니다. 역사적으로도 그래왔지요. 좋은 직장을 가진 사람에겐 좋은 중매 자리, 선 자리가 들어오니까요. 하지만 우리 사회는 또 다른 가치를 전면에 내세우기 시작했습니다. 바로 자유연애 시대입니다.

누구나 자신이 사랑하는 사람과 결혼할 수 있는 세계. 인터넷에서는 가끔 이 사실에 놀라기도 합니다. 일본 애

니에서 이세계로 전이된 용사의 클리셰를 따서, 용사가
원하는 세계로 전생시켜 주겠다는 설정을 이용한 개그가
나오기도 하지요.

"용사님의 바보 같은 소원, 누구나와 사랑할 수 있는
세계로 전생시켜 드렸어요. 지금쯤 많은 여자들과 연애
를 하고 살고 계실까요?"

우리 세계는 이토록 낯설게도(?) 자유연애 시대입니
다. 우리 세계는 슬프게도 두 가지 시대가 병존해 있지요.
누군가는 열심히 공부를 해서 능력으로 이성을 쟁취해야
하고, 누군가는 사랑과 자유연애의 가치로 이성을 쟁취
해 냅니다.

이 사이에서 엄청난 의문점이 밀어닥칩니다. '이성을
쟁취한 것'이 무엇이냐는 근본적 의문이지요. 능력주의
사회에서 교육을 받아온 우리는 결혼을 하면 이성을 쟁취
한 것이라고 생각했지요. 하지만 자유연애 시대가 되면서
우리는 무형의 가치를 더 숭상하기 시작합니다. 이성의
사랑을 받는 것, 그것이 이성을 쟁취한 것이 아닐까?

능력으로 결혼을 쟁취해 낸 사람들은 이전까지 꽤 유
쾌한 착각을 하고 있었습니다. 내가 능력을 기르면 이성
의 사랑 역시 얻을 수 있을 거라고요. 하지만 양가적 혐오
도 하고 있었죠. 능력만 보고 남자를 고르는 여자를 꽃뱀
혹은 골드 디거라고 불렀습니다. 우리는 꽃뱀은 혐오하면
서 능력을 기르면 사랑을 얻을 수 있으리라 믿었습니다.

이것이 "설거지론"이 대두된 배경입니다. 발단은 '주식 갤러리'라는 자국 이성 혐오를 중심으로 한 게시판에서 한국 여자를 비하하기 위해 '한국 여자와 결혼하는 것은 남이 먹은 그릇을 설거지하는 것과 같다'라는 주장을 펼친 것에서 시작합니다.

이내 자국 이성 혐오적 뉘앙스는 덜 노골적으로 변하고 '사랑 없는 결혼'을 한 남성에 대한 조롱으로 변하며 훨씬 높은 파급력을 갖게 되었지요. '설거지론'의 세계관에서 주요 인물은 기혼 남성을 상징하는 "퐁퐁남"입니다. 설거지를 할 때 사용되는 식용 세제의 대표주자 '퐁퐁'을 사용한 이름입니다.

이성적 매력은 없고, 젊은 시절 연애를 해본 경험도 부족하지만, 능력만은 있는 남자를 '퐁퐁남'으로 부릅니다. 젊은 시절에는 마음껏 연애를 즐기고 결혼은 '조건'으로 한 여자를 '퐁퐁부인' 혹은 '그릇'으로 설명하지요.

이 담론은 수없이 많은 사람들의 자기고백으로 진행되었던 담론이기에, 거대한 흐름은 있어도 각론은 전부 천차만별입니다. 어떤 이는 여성의 처녀성을 신뢰의 담보로 생각합니다. 사랑이고 자시고 남자를 몰랐던 여자만이 믿을 수 있는 존재라고 합니다.

어떤 이는 그냥 나는 내 남편을 사랑한다고 말만 해줘도 믿을 수 있다고 합니다. 하지만 이런 사람들은 드문 모양입니다. 사람들은 부정적인 것에만 관심을 두고, 긍정적 사례들에는 관심을 두지 않기 때문입니다.

설거지론은 일종의 일반화 담론으로 작용하고 공포를 불러일으켰습니다. 앞으로 결혼을 앞둔 남성들에게 여성에 대한 공포증을 만들었지요. "실제로 여성은 공포스러우니 팩트가 아닌가?"라고 말하는 사람도 있습니다. 하지만 부정적인 사실만 언급하고 진열하는 것은 객관적 판단을 불가능하게 만들지요.

또한 퐁퐁남이라는 멸칭이 생긴 것만으로 이미 큰 의미가 없어지기도 했습니다. 당신이 사랑받는 결혼을 했든, 능력으로 결혼을 했든 상관없습니다. 인터넷 유저들은 기혼자라는 이유만으로 당신을 '퐁퐁남'으로 정체화할 것입니다.

이런 공포는 여성에게도 마찬가지입니다. 여성은 앞으로 자신이 '설거지할 그릇'이 아님을 증명해야 하는 공포를 안게 되었습니다. 남성이 자신이 성범죄자가 아니라는 것을 증명하기 위해 펜스룰을 꺼내 들어야 했듯이요.

심지어 사랑은 증명하기도 어렵습니다. 세상 모든 이들을 설득할 정도의 헌신을 보여주는 것은 쉽지 않은 일일 테니까요. 본 적도 없는 상상 속의 전 남친을 질투하는 사람처럼 의심암귀에 든 사람은 여성의 '진심'을 도저히 믿을 수 없을 겁니다.

설거지론이 가져온 사회적 파급력은 부정적인 것 일색이었지요. 하지만 반대로 생각하면 '설거지론'이 등장한 사회적 배경 자체가 부정적이었기 때문일지도 모릅니다. 설거지론의 대두는 우리 사회가 자신의 '아내'조차 믿지 못하는 사회라는 방증이기도 합니다.

어떤 이들은 설거지론은 백신 같은 것이라 생각할 겁니다. 이 사회 자체가 끔찍하고 공포스러운 곳이니, 착하고 어수룩한 존재를 위해 한 번은 공포와 고통을 일깨워 줄 필요가 있다고요. 그런 사람들에게 '이 세상에 그런 부정적인 것만 있는 건 아니다'라고 말하는 사람은 구조의 재생산을 위해 소시민을 현혹하는 사람처럼 보일지도 모릅니다.

그래요. 마치 영화 〈매트릭스〉처럼요.

레드필

영화 〈매트릭스〉의 핵심 설정은 '유아론'입니다. 내가 환상을 인식하지 못한다면 그 환상은 진실이라는 것이지요. 하지만 그 환상을 깨부수는 외부적 존재가 있다면 어떨까요? 나에게 지금까지 살아온 환상을 부수고 진실로 향하자고 권한다면 어떨까요?

〈매트릭스〉는 인류의 의식이 업로드된 가상세계에서 벌어지는 일을 다룹니다. 그리고 네오는 파란 약과 빨간 약 중 하나를 선택하라고 하지요. 지금까지 살아오던 구조 속에서 자신이 속은지도 모르고 살아가려면 '파란 약'을 먹으라고 하고, 자신의 삶이 거짓되었다는 고통스러운 진실을 마주하려면 '빨간 약'을 먹으라고 권합니다.

〈매트릭스〉의 영향으로 "레드필"은 지금까지도 '불편한 진실'을 의미하는 표현이 되었습니다. 인터넷 세상에서도 굉장히 많이 사용되는 표현이었지요. 충격적인 사실을 깨닫고 나서는 "빨간 약을 먹어버렸다"라고 표현하기도 합니다.

하지만 이 파트의 표제인 '레드필'은 조금 다른 조류입니다. 특히 '성'에 대한 부분을 강조하는 담론이지요. 우리 사회의 성적 이슈들은 모두 진실로부터 유리되어 있으며, 성적 경쟁에서 승리하는 남자가 되기 위한 올바른 전략을 수립하기 위한 '진짜 진실'을 알아야 한다는 것이 이 '레드필'의 골자입니다.

'레드필'에서 출발한 유행어들도 많습니다. 특히 알파메일이라는 표현은 이미 대중용어로 자리 잡았지요. '레드필'에서 남성은 사냥꾼, 여성은 사냥감으로 비유됩니다. 여성들이 스스로 밝히는 '좋은 남자'는 전부 믿을 게 못 된다고 주장합니다. 어떤 사냥감도 좋은 사냥꾼을 솔직히 밝히지 않는다는 이유지요.

남성과 여성의 성을 쟁취하려는 행동과 전략이 다를 수밖에 없다고 주장하며, 남성은 거듭나고 능력을 증명하는 존재인 반면 여성은 태어나는 존재라고 말합니다. 사실 보수적인 의견을 체계화한 내용입니다. 여자는 자신의 가치를 잘 보존해야 하며, 젊으면 젊을수록 좋다는 이야기를 하고, 남성은 끊임없이 거듭나야 함을 강조합니다.

원론적인 이야기만 보면, 조금 꼰대적인 집단에 불과합니다. 근본적인 문제점도 있기는 하죠. 여성을 철저히 타자화한다는 점, 고전적이고 보수적인 가치를 강요한다는 점, '노력'을 그토록 중요시한다는 점, 여성을 제멋대로 정의하고 진리인 양 떠받든다는 점 등등. 그래서 '레드필'은 실제로 대안우파 남성들이 좋아하는 편입니다.

그러나 근본적인 사상이야 어찌 되었든, 그런 남자가 되기 위해 부단히 노력하겠다는 말은 긍정적으로 받아들여질 수 있습니다. 자신의 전략을 알맞게 세우고, 행복하고 승리하는 남자가 되겠다는 자를 비난하기는 어려운 법입니다. 그러나 '레드필'의 실상은 꽤 많이 달랐습니다.

실제로 '레드필'을 통해서 거듭나고 '남자다운 남자'가 되기 위해 노력하는 사람은 철저한 소수입니다. 한국 커뮤니티나 미국 커뮤니티나 그런 사람들이 오히려 쫓겨나는 모양새를 보이지요. '레드필'은 실질적 행동보다는 그들의 반사회적이고 보수적인 '이론'에 꼬이는 사람들이 많습니다.

'레드필'이라는 명칭 자체에서도 선민의식이 느껴집니다. 그리고 이러한 세계관을 주입받은 이들은 사회를 불신하게 되는 것이죠. 이 사회에 '레드필'이 필요하다는 것은 우리 세상이 남자들을 속이고 있다는 것을 뜻합니다. 자신들은 남성과 여성의 행동준칙을 깨달아버렸지만, 이 사회는 그런 진실을 애써 숨기고 노예들을 양성하고 있다고 주장합니다.

그들은 거듭나라고 주장하지만, 자신들이 원하는 방식의 '거듭남'이 아니면 조롱하는 경향이 큽니다. 아니, 정확히는 남들을 조롱하기 위해 '레드필'을 이용하는 인간이 훨씬 많습니다. 결혼을 위해 능력을 가꾸는 사람이나 여성에게 매달리는 사람은 전부 '베타메일'입니다.

노력을 강조하는 것치고는 '알파메일'이라는 존재에 대해 근본적인 열등감을 느끼기도 합니다. 이런 조류의 '레드필'에서는 '알파메일'이 될 수 있다고 주장하지 않습니다. 그러다 보니 타고나기를 잘생기거나 매력적인 남성은 선망의 대상이자 혐오의 대상입니다. '설거지론'이 알파메일을 '지뢰설치반'이라고 부르며 선망하는 동시에 혐오하는 것과 유사합니다.

'레드필'을 움직이는 것은 역설적으로 배신감입니다. 〈매트릭스〉를 인용하는 것에서 알 수 있지요. 자신들이 그토록 베타메일스럽게 노력해 왔던 것들이 무의미하다는 배신감. 실제로 '레드필'의 아버지처럼 취급되는 롤로 토마시라는 사람도 '레드필'을 알면 대부분은 절망한다고 주장합니다.

'레드필'은 그 자체로 패배주의라고 보긴 어렵습니다. 원론적으로는 '거듭나자'가 핵심이기 때문입니다. 하지만 '레드필'을 인용하는 자들은 대부분 패배주의자입니다. 그들은 '레드필'의 행동원칙에는 별로 관심이 없습니다. '레드필'의 이론적 요소를 통해 타인을 혐오하고 스스로를 자조하는 것이 재미있을 뿐입니다.

"나는 태생적으로 베타메일이라 연애 이런 거 포기하는 게 맞음"

"쟤는 누가봐도 퐁퐁 예비 후보인데 왜 저렇게 노력하는 거지?"

"응 어차피 알파메일이랑 경쟁하면 질 거야~"

이 사회의 원리를 깨닫고 그에 맞게 노력하자는 사상이, 역설적으로 이 사회의 원리가 이따구이니 증오하고 분노하고 박탈감을 느끼자는 행동에 이용되고 있습니다. 그렇다면 더욱 이 사회가 '패배감'을 자극하는 사회인 점을 짚어봐야 합니다. 어쩌면 '레드필'도 이런 세계에서 태어나지 않았다면 원래 가치를 지켜낼 수 있었을지도 모르니까요.

베트남론

앞서 얘기했던 '주식 갤러리'는 아주 예전부터 자국 이성 혐오가 주제인 게시판이었습니다. 현재까지 남은 유수의 여성혐오 표현이 '주식 갤러리'에서 나왔죠. "상폐녀"라든지요. 주식의 '상장폐지'에 빗대서 이미 가치가 끝장난 여자를 의미합니다. 물론 그 잣대는 나이입니다.

하지만 '주식 갤러리' 유저는 자국 이성 혐오로 똘똘

뭉친 만큼, 인터넷 주류의 감성과는 조금 다른 접근법을 꾀했습니다. 인터넷과 우리 사회의 주류 감성이 패배주의와 냉소주의라면, '주식 갤러리'는 어떤 의미에선 향상심의 덩어리였지요. '한국 여자'가 세계 최악의 끔찍한 존재라면, 외국 여성과 결혼하면 되는 것이 아닌가?

마치 여초 커뮤니티에서 '한남'을 내려치고 '양남'을 찬양했던 것과 유사한 문법입니다. 물론 여초커뮤니티에서도 꽤 빨리 사그라든 담론이에요. 남자는 다 똑같다는 것이 여초 커뮤니티의 최신 트렌드입니다.

그렇다면 전통적인 숭배 대상인 "스시녀"를 대안으로 사용하면 되지 않을까요? 안타깝게도 우리 사회의 냉소주의와 패배주의는 '주식 갤러리'에도 영향을 미친 모양입니다. 스시녀 혹은 서양 여성을 선망하는 **주갤럼**[63]들이었지만, 주갤럼 스스로가 그들과 결혼할 수 있다는 확신이 없었습니다.

그러면서 떠오른 새로운(?) 대안은 바로… 베트남이었습니다. 새롭다기엔 너무 예전부터 대두된 대안이긴 하지요. 우리나라에서 '국제결혼'이라는 표현이 나름 중립적인 표현으로 자리 잡은 것은 얼마 되지 않았습니다. 이전의 '국제결혼'이란 연애결혼이 아닌 저개발국의 여성

---

63 '주식 갤러리' 유저. 주갤+놈(러)를 한 번에 표현한 말이다. 원래는 다른 갤러리에서도 쓰던 말이지만 지금은 주갤럼이라는 용례로만 주로 쓰인다.

들과의 중매 혼을 가리키는 용어였기 때문입니다.

주갤럼들의 현실적인(?) 대안에 사람들은 충격을 받았습니다. 어느 나라 여성이 더 좋은가 따위의 담론은 인간에 대한 물화이기 때문에 당연히 좋은 이야기는 아니지만, 보편적인 편견 속에서 저개발국 여성과 결혼하는 것을 자랑스럽게 여기는 풍조는 처음 겪는 일이었기 때문입니다.

주갤럼들이 진지하게 베트남 여성과 결혼하는 것이 왜 훌륭한지 이야기하는 것은 문화충격을 줬습니다. 그와 동시에 조롱과 멸시에 찌들어있던 다른 갤러리 유저들은 잘 걸렸다는 식으로 조롱하기 시작했지요.

원래 주갤과 여타 〈디시인사이드〉의 여성에 대한 시각은 비슷한 편입니다만, 베트남론에서 결정적으로 갈라졌습니다. 다른 갤러리 유저들이 패배주의나 냉소주의의 일환으로 비혼 혹은 도태를 주장했던 반면, 주갤에선 희망을 품었기 때문이지요.

"베트남론"은 그 자체로 흥미로운 주장은 아닙니다. 하지만 베트남론을 본 사람들의 대응이 흥미롭죠. 건전하지 못한 희망일지라도 희망을 품은 사람이 더 큰 조롱을 받았습니다. 이 역시도 '과몰입'과 맥락이 비슷하죠. 무엇도 사랑하지 않는 사람이 인터넷에선 누구보다 강합니다. 사랑이 혐오를 이긴다고요? 글쎄요.

그 무엇에도 애정을 갖지 않은 사람들은 주갤럼들을

잔인하게 조롱했습니다. 베트남의 전통요리로 알려진 '개미알밥'을 갖다붙이며 결혼하면 개미알밥을 먹는 개미 알밥단이 될 것이라고 비웃었습니다. 베트남에서 흔히 쓰는 성씨인 응우옌은 아예 베트남인 전체를 비하하는 멸칭이 되었지요.

'개미알밥단'을 비웃는 만화에서 베트남 사람은 아예 원숭이로 나오기도 합니다. 철저한 인종차별적 테이스트가 녹아있는 이 만화에서, 아들 역할의 원숭이가 말하는 "아빠왔노"라는 대사는 주갤럼들을 만났을 때 하는 인사가 되었습니다.

하지만 어쩌면 정말 사랑은 혐오를 이길지도 모릅니다. 단거리에서는 조롱을 하는 쪽이 유리했을지 모르지만, 모든 것을 포기하고 냉소적인 사람들보다 어떤 희망이라도 품고 재생산을 꿈꾸는 주갤럼들이 미래를 만들어나갈 수도 있지요.

그러나 그것은 최소 20년 뒤의 이야기이고, 지금은 냉소주의자들의 승리로 보입니다. 그들에게 깊이 박혀있는 사회불신은 국제결혼에도 똑같이 작용했습니다. 스시녀고, 갓양녀고, 베트남녀고, 한국 여자랑 다르지 않다는 것입니다.

그들도 마찬가지로 바람을 피고, 문란하며, 헌신적이지 못합니다. 일종의 신포도처럼 보이기도 합니다. 내가 갖지 못하는 존재는 전부 똑같이 맛없는 것입니다. 굉장히 평등해 보이는 시각이지만, 냉소적인 평등함입니다.
여자는 다 똑같다는 시각.

여초 커뮤니티에서도 똑같이 냉소주의가 유행하는 것
을 보면, 우리 사회의 핵심은 '불신'입니다. 우리는 슬슬
인정해야 합니다. 우리는 서로를 싫어합니다. 극단적인
커뮤니티를 예시로 들었기 때문에 그들만이 반사회적인
것처럼 보일 수 있지만, 이제부턴 훨씬 사회 전반에 걸쳐
있는 불신을 이야기해보려고 합니다.

어디서부터 시작하면 좋을까요? 2017년으로 돌아가
보는 것은 어떨까요.

명백한 가짜뉴스

팩트라는 표현은 처음엔 진보의 수사였고, 그 이후엔 보
수의 수사로 바뀌었으나, 인터넷의 흐름을 타고 전 국민
적인 가치로 변했습니다. 하지만 전 국민이 전부 '팩트'의
편일 수는 없겠죠. 팩트라는 말이 가지는 폭력성은 타인
을 '거짓'으로 만든다는 점입니다. 그저 가치관이 다르거
나 주목한 부분이 다른 것일지도 모르는데 말이지요.

팩트라는 말의 독선과 오만은 전 국민을 중독시켰습
니다. 나는 팩트의 편 그리고 팩트의 편은 남을 제압해도
좋다! 팩트폭력이라는 표현이 전국을 강타했던 2010년대
중반 이후로는, 언론에서도 '팩트'를 체크하는 것을 중요
하게 생각했습니다.

하지만 '팩트'의 시대는 빠르게 저물어갑니다. 자신이 팩트고, 상대가 거짓이라고 주장하는 것이 기성 언론과 정치권에 퍼지기 시작하며 오히려 팩트라고 주장하는 것이 거짓말처럼 보이는 효과를 낳았기 때문입니다.

문재인 정부는 〈사실은 이렇습니다〉 시리즈를 발간하며 자신들이 조사한 것이 팩트라고 주장했습니다. 조국 전 장관은 딸의 입학 부정에 대한 내용을 "명백한 가짜뉴스"라며 일축했지요.

N번방 사건 이후 카톡을 검열한다는 논란에도 정부는 〈사실이 아닙니다〉라는 발행물로 대응했습니다. 이것들의 시시비비를 가리는 것은 중요하지 않습니다. 스스로가 팩트라고 생각하는 쪽이 얼마나 무례한지 알 수 있는 부분입니다. 보수 네티즌들이 만들어낸 '팩트 숭배' 현상이 사회 전반에 녹아들며, '우리가 사실이니 설득할 필요가 없다'라는 일축으로 끝나는 시대가 와버린 것입니다.

원래 정부나 공공기관이 어떠한 유행어를 사용하면 그 유행이 끝났다고 보면 됩니다. 하지만 팩트의 시대가 낳은 무례와 독선은 국민들의 깊은 곳에 남아있습니다. 내가 팩트인데 네가 무슨 상관인가, 나를 제외한 모든 이들은 거짓말을 하고 있다는 생각이 발전합니다.

이것은 자연스럽게 사회불신으로 흐릅니다. 우리나라 국민들은 정부와 공공기관은 물론 동료시민 역시 믿지 못합니다. 세상은 나를 속이려는 존재이며 나만이 진실을 깨닫고 있기 때문입니다.

우리는 문화도 믿지 못합니다. 이 시대는 '이거 바이럴 이네' 시대이기 때문입니다. 억지로 누군가가 유행시키면 실제로 그게 유행합니다. 개노잼 '인싸개그'가 세상을 지배하고, 어르신들이 밀어주는 표현이 시대를 뒤흔들기도 합니다.

사회불신은 세대갈등을 낳기도 합니다. MZ세대는 젊은이들에게 혐오단어로 낙인찍혔습니다. 밀레니얼과 제트세대라는 넓은 세대를 아우르는 'MZ세대'는 아무런 의미가 없는 표현이기 때문입니다.

'MZ세대'는 철저히 타자화를 위해 쓰이는 말입니다. 사실상 어르신들이 입에 달고 살던 표현인 '요즘 것들'과 크게 차이가 없는 표현입니다. 눈에 띄는 차이가 딱 하나 있다면, 'MZ세대'라는 표현은 선망의 표현이기도 하다는 점입니다.

대부분의 경우 'MZ세대'라는 표현은 내가 이해할 수 없는 젊은이들이 어떤 존재인가를 정의하기 위한 표현입니다만, 종종 자신이 젊다는 것을 증명하기 위한 표현으로 쓰이기도 합니다. 나 역시 'MZ'하지 않느냐며 여전히 스스로가 젊다는 것을 말하고 싶어합니다.

그래서 'MZ세대'를 설명하는 표현들은 철저히 낡았습니다. 젊은이 대부분이 혐오해 마지않는 '되팔이'를 '리셀테크'라며 'MZ세대'의 유행문화인 것마냥 설명하기도 합니다. 마치 어르신들이 자기 세대가 그랬듯, 젊은이들에게 어떠한 조류가 있으리라 믿고, 혹은 자신이 좋아하는 어떤 특성을 'MZ함'에 포함시키고 싶은 듯 보입니다.

하지만 젊은이들은 자기 세대를 이해해줄 생각도 없고, 자신들 좋을대로 이용하는 어른과 세상에 불신을 보냅니다. 'MZ세대'라는 말이 유행하면 유행할수록 '요즘 젊은이들이 이렇다더라~'라는 내용은 더욱 적극적으로 거부당하고 있는 것이죠. 서로를 이해하려고 하기보단 서로를 이용하려고 하는 세상에 무슨 신뢰가 들겠어요.

누가 칼들고 협박함?

2022년을 강타한 유행어. "누칼협". '누가 칼들고 협박함?'이라는 뜻입니다. 전부 네가 선택한 일이니까 그 후폭풍도 받아들이라는 뜻이지요. 옛날 말 중에 이런 말도 있죠. '절이 싫으면 중이 떠나야지'. 세상을 바꾸는 일은 엄청나게 힘드니까, 세상이 마음에 안 들면 다른 곳으로 떠나라는 이야기입니다.

하지만 '누칼협'은 이런 표현보단 동시기에 유행한 다른 말과 더 가깝습니다. 그 이름도 찬란한 "알빠노"죠. 게임 〈리그 오브 레전드〉에서 왜 그런 선택을 했냐고 묻는 사람에게 뱉은 말입니다. '알빠노'.

'누칼협'과 '알빠노'는 극한의 개인주의를 보여줍니다. '네 사정 내가 알아줘야 하는 걸까?' 라는 심리죠. 사실 이기주의라고 하기도 힘든 게, 그들이 딱히 남에게 피해를 끼치진 않았어요. 그냥 상대에게 심정적 공감을 하지 않았을 뿐이지요.

하지만 우리나라 사람들이 처음부터 이러진 않았습니다. 금모으기 운동도 했던 나라잖아요. 나라가 휘청거릴 때 함께 짐을 나누어 들자고 나서던 사람들이, 이제는 남의 집이 무너지길 누구보다 바라고 있습니다.

이 문제의 근원은 지금까지 설명했던 사회신뢰의 부재를 들 수 있습니다. 우리는 약자를 더 이상 믿지 않습니다. 약자를 위해서 짐을 나누어 들자고 했는데, 누가 약자인지 어떻게 정의하죠? 우리 사회에 '누가 약자인가' 논의로 허비한 세월이 거의 10년인데, 그 세월이 낳은 결론은 '내가 약자다' 뿐이었습니다.

또한 사회적으로 정의된 '강자'들에게 배려를 강요해 왔던 문제도 있습니다. 내가 왜 강자인지 납득은 못 한 상황에서 배려를 강요당했으니까요. 저도 어린 시절 결핵씰이나 사랑의 열매에 기부했던 기억이 떠오르는군요.

강요된 배려, 약자에 대한 배신감, 사회 신뢰의 상실 등으로 우리는 서로에게 심정적 지지를 보내지 않기로 결정했습니다. 타인에게 공감을 해주는 것 자체도 엄청 힘든 일이고, 내 일을 신경 쓰기도 바쁜데 남의 일까지 신경 쓰기엔 우리가 너무 힘들죠.

그 결과로 튀어나온 것이 바로 '누칼협'입니다. 누가

칼들고 협박한 것도 아닌데 네가 선택했으면 알아서 하라는 것이지요. 하지만 우리가 서로 짐을 나눠 들어야 배격할 수 있는 것도 있고, 이 절을 떠나도 다른 절에서도 마찬가지인 세상이라면 중들이 뒤집어엎어야 하는 것도 있겠지요. '누칼협'은 이런 상황에서는 끔찍하기 그지없습니다.

그렇게 생각하면 '누칼협'은 역설적으로 사회에 대한 강한 신뢰의 지표이기도 합니다. 우리는 사회 구성원 서로는 신뢰하지 않지만, 철저히 구성된 대한민국의 시스템은 신뢰한다는 뜻이지요. 우리 사회가 시스템화된 자본주의가 잘 돌아가서 이 절에서 떠나도 다른 절은 훌륭할 거라고, 이 직업이 아니라 다른 직업을 선택하면 상관없을 거라고 믿는 거죠.

전태일 열사가 분신하여 여공들의 처우 개선을 부르짖었던 시대엔, 여공들이 어디를 가든 비슷비슷한 처우를 당했을 것이기 때문에 시스템 자체에 대한 반발이 필요했었을 겁니다. 어쩌면 그건 현재도 마찬가질지도 모릅니다. 그러나 실상과는 별개로 한국인들은 시스템에 대한 신뢰도는 높아졌지만, 동료 시민에 대한 신뢰도는 낮아졌습니다.

믿을 수 없는 동료시민을 위해서, 믿음직한 시스템을 위해 싸워줄 사람은 이제 없습니다. 믿을 수 없는 동료시민에게 이죽거리는 말을 건네는 것이 최선입니다. '누가

칼들고 그거 하라고 협박이라도 했나?'. 만약 협박을 했
다면 시스템의 잘못이니까 싸워줄 수 있겠지만, 그게 아
니라면 신뢰할 수 없는 동료시민의 멍청한 선택 탓이지
않을까요?

　이것은 양쪽에서 문제를 일으킵니다. 인간은 믿지 않
지만 시스템은 신뢰한다. 시스템은 보통 강자이고 동료
시민은 보통 약자입니다. 강자에 대한 신뢰와 선망은 든
든하게 서 있지만, 비슷한 처지의 약자, 소시민들에 대한
불신은 강렬합니다. 이렇게 갈라진 소시민들을 지배하는
시스템은 얼마나 편할까요? 약자가 시스템을 가르기 위
해 들어야 할 메스를 서로에게 칼로 겨누고 있으니까요.

　지금의 사회 시스템이 망가졌으니 함께 관심을 그쪽
으로 돌리자는 이야기가 아니라, 이런 상호불신 시대에
는 견제력이 없다는 뜻입니다. 그리고 그것을 인터넷이
더욱 조장하고 있지요. 인터넷이 민중의 공간이라고 말
했지만, 역설적으로 권력보다는 민중에게 더 적대적인
공간으로 보입니다. 우리는 서로가 서로를 적으로 생각
합니다.

　　　떡상! 떡락! 응~ 자살하면 그만이야~

최근 정말로 1억 가까이를 찍었던 비트코인. 2017년 비트
코인이 처음 대두되던 시기에 국민들은 새로운 삶의 방
식을 깨달아버렸습니다. 모 유명 스트리머의 말을 빌리

면, '옆집 쿨뷰티 미녀도 트레이딩을 한다'라고 할 정도의
트레이딩 붐이 왔던 겁니다.

비트코인 이전부터 인터넷에서 주식이나 트레이딩은
화두가 되었습니다. 사람은 돈이 몰리는 곳에 몰리는 법.
금융투자로 생겨난 신조어만 해도 한두 개가 아니지요.
가령 손절이 있습니다. 손해를 보지 않기 위해 거래를 끊
는 것을 의미하는 손절매를 인간관계에서도 확장한 용어
지요.

'손절'이라는 표현은 제게는 꽤 기괴한 표현이었습니
다. 인간이 상품도 아니고 어떻게 손절을 한다는 말인가?
나에게 도움이 되지 않고 손해를 입힐 사람이면 인간관
계를 끊어버리는 것이 맞는가?

인간관계 역시 손익으로 판단할 수 있고, 일종의 그래
프 같은 도식으로 표현될 수 있는 시대가 도래했음을 제
가 놓친 것이지요. 손익의 개념은 인간관계에서 도입되
었지만, 이내 자기 인생에도 도입되기 시작합니다. 비트
코인의 유행과 함께, 다양한 용어가 유행어로 돌기 시작
했지요.

"가즈아"와 같이 어떠한 광기에 올라타는 행동에 대한
표현은 귀엽죠. "떡상과 떡락"은 어떤가요? 비트코인 광
풍과 함께 유행한 표현인 '떡상과 떡락'은 국민적 유행어
가 되었습니다. 비트코인의 거친 변동성 덕분에 생긴 표
현이지만, 우리네 인생을 묘사하는 표현이 되기도 했지

요.

　인터넷과 밀접한 연관성이 생긴 우리 인생. 삶의 모습도 떡상하고 떡락해버립니다. 열심히 공부해서 공무원 시험에 합격한 것을 떡상이라고 부르지 않습니다. 로또에 당첨됐다든지, 부동산 가격이 올랐다든지. 운을 잘 타서, 알고리즘을 잘 타서 성공한 경우를 떡상했다고 표현합니다.

　성공의 지표가 눈으로 보이는 유튜버들에게 흔히 쓰이는 표현이기도 합니다. 조회수가 떡상한다든지, 민심이 떡락한다든지 등의 표현은 인터넷 커뮤니티를 잘 하지 않더라도 볼 수 있는 표현일 겁니다.

　떡상과 떡락은 우리 삶의 불확실성과 불안감을 환기합니다. 이전까지 우리네 삶은 인생의 계단을 차곡차곡 밟아야만 다음 단계로 넘어갈 수 있는 것처럼 묘사되었습니다. 하지만 비트코인의 시대, 인터넷 시대가 오며 세상은 바뀌었습니다. 누군가는 운이 좋아 부자가 되고, 누군가는 운이 좋아 유튜버가 됩니다.

　이런 시대에 '노력'의 가치는 급격하게 떨어집니다. 내가 차곡차곡 쌓아온 인생의 가치를 그다지 인정해 주지 않는 시대가 되었습니다. 서로 신뢰하지 않는 '적', 아니 다른 '동료 시민'의 인생은 떡상처럼 보이기도 합니다. 꽤 심술 나는 일이지요. 우리는 그를 떡락시키기 위해 노력하고 싶어하기도 합니다.

아예 기존 가치 하에 살았던 나의 인생을 하찮게 여기기도 합니다. 그리고 비트코인이나 주식 등의 변동성에 몸을 맡기는 겁니다. 어차피 지금까지 살아왔던 내 인생보다는 한 번의 '떡상이냐, 떡락이냐?'가 인생을 좌우합니다. 그러니까 떡락하더라도 상관없습니다. 왜냐고요?

"자살하면 그만이야~"

국평오와 평균 올려치기

어떤 인생을 상상해 봅시다. 열심히 공부해서, 좋은 대학에 들어가서, 대기업에 들어간 후, 좋은 가정을 꾸리고, 강남에 거주하며 인생을 살아가는 어떤 사람이요. 모르긴 몰라도 국민의 80% 정도는 어린 시절부터 이 루트를 꿈꾸며 살아왔을 겁니다.

하지만 우리가 진짜 살아가는 인생은 호락호락하지 않죠. 한 20년 전만 해도 저게 가능했을지도 모릅니다. 20년 전에는 자신의 월급을 모은 것으로 부동산을 살 수 있었을지도 모르지요. 하지만 이제는 어렵습니다. 부모찬스를 쓰지 않는 이상 정석적인 루트로 살아온 사람은 자신이 생각한 '번듯한' 인생을 살아갈 수 없습니다.

오히려 '번듯한 인생'을 살아가는 쪽은 정석적인 루트를 밟지 않은 쪽인 경우도 있습니다. 인터넷 시대에 신흥부자들은 수도 없이 많고, 그들의 부는 우리 눈에 너무 쉽게 들어옵니다. 새로 탄생한 부자들 대부분은 인플루언

서고, 스스로를 자랑하지 않고는 몸에 가시가 돋는 듯합니다.

　이런 불확실한 세계에서 우리가 선택할 수 있는 것은 두 가지 중 하나입니다. 그중 첫 번째는 우리가 지금까지 믿어오던 체계에 의미가 있었음을 강조하는 겁니다. 대부분의 국민이 응시해 보는 수능을 중심으로 하는 것도 좋겠죠. 스무살 이후로는 대학 서열로 대체되지만, 우리는 좀 더 날 것의 데이터를 숭상해 봅시다. 바로 "국평오"입니다.

　"국민 평균은 오등급이다"라는 뜻입니다. 우리 사회가 학벌이나 수능 등급으로 돌아가지 않는 세계가 되었음에도, 역설적으로 기존의 가치는 더욱 숭배되고 있습니다. 아니, 오히려 그런 나라이기 때문에 비트코인 부자 등의 '이레귤러'가 더 돋보이는 거겠죠.

　타인을 짓밟고 한 단계라도 더 올라간 존재가, 경쟁에서 승리한 존재가 우월하다고 믿는 대한민국에서 '평균'이라는 말은 사실상 욕설입니다.

　"그 친구는 평균적이지."

　"평균적인 지능을 가진 사람이야."

　"우리 사회의 평균적인 일을 할 수 있는 사람"

　분명히 아이큐 100은 이론상 평균을 의미하는 것이지만, 100이라는 아이큐는 왠지 낮은 것처럼 인식됩니다. 마찬가지로 5등급은 이론상 평균을 의미하지만, 왠지 꿍

장히 멍청해 보이는 효과를 낳지요. 수능 5등급은 우리 사회의 '중산층'이 되어야 하겠지만, 실제로는 왠지 그럴 것 같지 않다는 인식이 있습니다.

'국평오'는 담담한 팩트를 말하고 있지만, 대한민국 사회의 특성상 모욕의 맥락을 담고 있습니다. 국민 평균이 5등급이라는 것은 수학적 참이지만, 5등급이라는 표현이 국민 모두에게 욕설로 받아들여지고 있는 마당이지요. 그러다 보니 우리 사회의 '진짜 평균'들은 스스로를 패배자로 정체화하고 있습니다. 5등급, 아이큐 100, 월 소득 300은 전부 '하층민'처럼 취급되고 있지요.

비슷한 논리로 '3등급 아래는 공부하지 않은 거다'도 있습니다. 아주 예전의 예시지만 키 180 이하는 루저라는 발언도 있었지요. 거주지역 역시 계층, 계급을 나타냅니다. 국민의 절반은 지방에 살지만, 지방에 거주하는 것은 패배를 의미하는 것처럼 취급되지요.

이런 우리 사회는 그야말로 "평균 올려치기"의 나라입니다. 우리나라는 평균을 지나치게 높게 잡다 보니, 진짜 평균들은 사회의 패배자로 인식되지요. SNS의 발전과 함께 우리는 좋고 아름다운 것만 남들에게 보여줍니다. 그러다 보니 그렇게 살지 못하는 누군가가 매우 구질구질해 보이죠.

SNS에서의 우리는 나쁜 건 숨기고 좋은 것만 보여줍니다. 반대로 커뮤니티의 우리는 좋은 건 숨기고 나쁜 것만 보여줍니다. SNS가 우리에게 심리적 박탈감을 심어주고, 커뮤니티가 타인에 대한 혐오를 심어주지요.

　SNS에서 배운 '평균'을 기준으로 커뮤니티에서 남들을 마음껏 재단해 봅시다. 일 년에 한 번 호캉스를 못 가는 사람이라고요? 인스타에선 다들 한 번씩 올리던데… 혹시 그는 거지가 아닐까요?

　네? 호캉스를 못 가는 사람들 중에서도 행복한 인생이 있다고요? 그런 좋은 건 커뮤니티에서 본 적이 없습니다. 가난해도 행복한 사람? 그런 건 전부 매트릭스, 거짓부렁이에요. 팩트는 소득이 높은 가정이 이혼율도 낮다는 거죠. '레드필'을 먹은 기분이 어떤가요?

　남이 평균적인 스펙을 가졌으면 조리돌림 자유이용권을 얻은 것이나 마찬가지입니다. 인터넷에서 본 대한민국은 상위 10%가 아니면 전부 죄인입니다. 죄를 지었으니 헬조선에서 벌을 받아야 하는 겁니다.

　'평균 올려치기'의 진짜 문제는 타인을 조롱하는 것을 넘어 스스로가 진짜 패배자라고 믿게 만드는 것입니다. 알파메일이 아니라 베타메일인 자신을 한탄해 봅시다. 우리는 철저한 패배자요 탈락자입니다. 지방대에 다니는 나는 지잡충, 소득이 300만원인 나는 월300충입니다.

　나는 불행한 피해자니까 절대 재생산을 해선 안 됩니다. 나는 몰라도 내 아이에게 '패배자'의 인생을 물려줄 수는 없습니다. 나는 패배자여도 내 아이는 행복할 수도

있지 않냐고요? 그런 행복한 상상을 하기엔 우리는 너무
나 똑똑합니다. 우리에겐 냉혹하고 차가운 '팩트'가 있습
니다. 자녀의 학력은 부모의 학력, 소득과 정비례합니다.

　학력이 높은 것이 성공이냐고요? 이러면 다시 '국평
오'로 돌아가는군요. 여러분 스스로도 5등급이 패배자인
것처럼 생각하면서, 자식을 5등급으로 키우면 뭐 어때?
라고 쿨하게 생각할 수 있을까요? 그러니까 우리는 자의
반 타의 반으로 선택하는 겁니다.

　'도태'를.

도태

'도태'라고 단독으로 쓰기보단, 흔히 성별을 붙여 "도태
남" 혹은 "도태녀"로 쓰는 유행어입니다. 이전의 세대를
이태백 세대, 88만 원 세대 등으로 불렀다면, 현재의 젊은
이들은 '도태 세대'로 부르는 것이 좋겠습니다. 타인을 조
롱할 때 쓰는 경우도 있지만 대부분의 경우엔 스스로가
도태되었다고 자학하는 경우에 쓰이지요.

　인터넷으로 읽을 수 있는 현대 젊은이들의 정서는 박
탈감입니다. 전 세계적인 공통점이지요. 미국에선 스스
로를 두머(Doomer), 절망적인 세대라고 부릅니다. 중국
에서는 자기 세대를 탕핑족이라고 부르지요. 이들은 아
무리 발버둥 쳐도 성공할 수 없다고 믿습니다. 자신의 실
패는 이미 정해진 것이라고 생각합니다.

너무 익숙한 풍경이죠. 패배주의와 박탈감이 전 세계의 젊은이를 견인하고 있습니다. 그들은 경쟁을 내면화했고, 그런 경쟁 사회 속에서 '패배'한 스스로를 자조합니다. 가끔은 분노로 향할 때도 있습니다. 하지만 그것은 시스템을 향한 분노가 아닙니다. 그저 이런 고통의 굴레에 낳은 부모를 탓할 뿐입니다.

젊은이에게 아이를 낳으라고 하는 것은 어려워 보입니다. 그들은 태어난 것조차 불행이라고 생각합니다. 반출생주의에 가장 호응하고 있는 세대가 바로 현대의 젊은이입니다. 그들은 가난한 사람이 아이를 낳는 것을 혐오합니다. 장애인, 유전병, 심지어는 못생긴 남녀가 아이를 낳는 것조차 아이에게 죄라고 생각합니다.

이런 극단적 약자혐오와 강자선망은 아까도 설명했지만 결코 스스로를 강자로 생각하기 때문이 아닙니다. 나 자신도 약자이지만, 다른 약자가 '멍청한' 판단을 하는 것을 비판하는 것입니다. 그들은 스스로 무 출산을 지향합니다. 한국의 이런 세대를 'MZ세대'라고 부르기보다는, 역시 '도태 세대'라고 부르는 것이 적절해 보입니다.

우리 사회엔 지옥문 끝의 팩트뿐입니다. 우리는 불행과 연관된 요소를 너무나도 많이 알고 있습니다. 반대일 수도 있지요. 행복과 관련된 요소를 많이 알고 있기 때문에, 반대되는 삶은 불행할 것이라고 확신합니다. 우리는 너무 똑똑해서 인생을 살아가기 어려운 사람들입니다.

어떤 행동이 행복하다고 인터넷에서 주장하면, 그것을 반박할 수만 줄의 증거를 들이밀며 당신이 불행할 것이라고 확신하는 사람들을 볼 수 있을 겁니다. 학습된 절망과 학습된 무기력 속에서 젊은이들은 살아갑니다.

혹시라도 이 우리에서 누구 하나라도 행복을 주장하면, 집단으로 달려들어 그가 불행함을 증명할 겁니다. 자신이 사는 방식이 한국에서 그나마 가장 현명한 선택이라고 생각합니다. 우리는 '2등시민'이요 '도태남'이니까, 남들에게 사랑을 주지도 받지도 않으며 홀로 고독히 살아가는 것이 중요하다고 합니다.

하지만 인터넷은 복합적인 공간입니다. 우리는 인터넷에서 서로를 혐오하면서도 약간의 끈이라도 닿길 원합니다. 타인과 함께하는 시간은 원치 않습니다. 하지만 식사를 할 때 누군가가 곁에 있었으면 좋겠습니다. 한국은 '먹방' 대국입니다.

홀로 있는 시간은 상처받을 일이 없습니다. 하지만 외로움은 견디기 힘듭니다. 우리는 인터넷 방송을 켜서 마치 라디오처럼 듣습니다. 그 내용에 집중하지는 않더라도, 내가 혼자라는 사실을 인터넷을 통해서 잊을 수 있습니다. 타인에게 상처를 받기는 싫지만, 타인이 존재하길 원합니다.

도태 담론이 다른 것도 아니고 '관계'에서 출발한다는 점은 특기할 만합니다. 이전에는 사회적 약자나 소외된 이들을 다룰 때, '경제적 처우'에 주목했습니다. 누구나 누릴 수 있을 법한 경제적 풍요를 누리지 못하는 사람들에게 집중하는 경향이었죠.

2020년대 현재 수많은 기부단체가 올리는 광고물을 보며 인터넷 유저들은 조롱합니다. 우리는 한국의 경제 시스템이나 복지 시스템에 든든한 신뢰를 보냅니다. 아니, 경제적 약자라고 주장하는 사람을 불신하는 것에 가깝습니다. 광고에서 "저도 따뜻한 밥을 먹고 싶어요."라고 말하면, 인터넷의 친구들은 냉혹하게 '기초생활수급 받으면 되잖아'라고 응수합니다. 냉철한 팩트로 꼭 반박해 줘야 합니다. 그들에게 경제적 시스템, 복지 시스템은 이제 관심 밖입니다.

우리 시대 인터넷의 핫키워드는 '관계 약자'입니다. 어린 시절부터 친구가 없었거나, 애인이 없었던 존재가 가장 주목받습니다. 그런 사람들이 한둘이 아니기 때문에, 인터넷의 여론은 그들이 주도합니다.

인터넷의 도태 담론은 말 그대로 성적 도태를 의미하는 경우도 많습니다. 어떤 이성도 자신에게 관심을 두지 않았음을 고백하고, 그런 사회에 어떠한 애정도 없음을 표현합니다. 그들은 본질적인 이유를 찾아냈다고 생각합니다. 사실 이성이 아닌 동성에게도 관심을 받아본 적이 없음을. 그들은 관계 사회에서 최고의 약자입니다.

우리 사회가 경제적 부분에 치중할 때, 관계 소외자들

은 수없이 생겨났습니다. 그들은 슬프게도 반사회적입니다. 하지만 그렇기 때문에 현 사회의 문제점을 콕콕 짚어내기도 합니다. 우리 사회는 남을 품어주지 않는 사회라는 것 그리고 패배자에게 누구보다 가혹한 사회라는 것을 말이죠.

우리나라는 청년 자살률이 높은 나라입니다. 하지만 우울증이나 정신건강 관련 예산이 전 세계적으로 가장 적은 나라입니다. 경제적, 정치적 약자가 아닌, 관계 속에서 소외된 약자들에게는 시선을 기울이지 않습니다.

그런 그들은 인터넷에 모입니다. 인터넷은 그들에게 양가적 존재입니다. 처음으로 나와 같은 존재를 마주할 수 있는 공간입니다. 그래서 인터넷에 소속감을 느낄 수 있습니다. 하지만 소속감을 느껴선 안 됩니다. 인싸들에게 상처받은 그들이 좆목질을 하며 또 다른 소외자를 낳는 것이 모든 문제의 근원이라고 생각하기 때문입니다.

나와 같은 존재를 보았다는 기쁨도 잠시, 나와 같은 존재의 추악함이 눈에 띕니다. 우리는 담당일진을 찾습니다. 저 사람이 '-찐-'이 된 이유도 찾습니다. 인터넷에서 행복하다고 주장하는 사람을 보면 조롱해야 합니다. 어쩌면 그는 퐁퐁남일지도 모릅니다. 너도 불행해야만 합니다.

자신과 같은 존재를 찾아서 온 인터넷 역시 잔혹한 사회였습니다. 인터넷의 존재들은 나와 가까운 동시에, 더

러운 사회의 복제판입니다. 인터넷에선 바이럴도, 가짜 뉴스도 판칩니다. 이 상황에서 최적의 해법은 나 스스로를 비하하며 너도 비하하는 겁니다. 무엇도 사랑하지 않는 사람을 연기하며 과몰입하는 누군가를 긁어봅시다.

우리는 사회에서 도태되었다고 생각하며 인터넷을 시작합니다. 하지만 인터넷에서마저 우린 또 다른 도태를 낳아버립니다. 내가 '긁'은 그 사람이, 내가 퐁퐁남이라고 조롱한 그 사람이, 내가 좆목질한다고 고로시(특정 유저를 저격하거나 조리돌림하는 행위 등을 의미)를 들어갔던 그 사람이 세상에 배신감을 느끼고 도태됩니다.

누군가는 진지하게 그들에게 조언합니다. 노력을 해보라고. 하지만 그들은 이미 수도 없이 배신당했습니다. 심지어 인터넷을 통해 공포도 학습했습니다. 내가 노력해 봐야 안 될거라는 패배감과 노력해 보았는데 안 되더라라는 절망감이 혼재됩니다.

나보고 할 수 있다고 하는 사람의 진심이 의심스럽습니다. 네가 그냥 태생적인 인싸라서 그런 것은 아닐까요? 너는 나처럼 못생겨보지 않아서 그런 게 아닐까요? 아니, 태생적으로 잘난 사람은 노력할 필요 없는데 왜 나에게만 노력을 강요할까요? 아무것도 하지 않아도 날 사랑해주는 사회였으면 좋지 않았을까요?

박탈감과 절망 그리고 인터넷. 세상에 배신감을 느낀 존재가 인터넷에 들어오고, 인터넷을 통해서 세상에 절

망을 뿌립니다. 또 다른 절망감을 느낀 존재가 인터넷에
서 또 다른 악순환을 만들어냅니다.

　하지만 이런 악순환이 계속될 수 있는 이유는 인터넷
이 우리의 최후의 안식처이기 때문입니다. 가짜 소속감
이더라도, 밈을 통한 돌림노래더라도, 서로를 조롱하는
상처뿐인 친밀감이라도, 우리에게 남은 관계욕구가 고통
을 재생산합니다.

　인터넷 커뮤니티라는 말이 역설적이라고 했었지요. 커
뮤니티에서 '커뮤니티' 활동을 할 수 없으니까요. 이름 그
자체가 우스운 블랙 코미디입니다. 하지만 이 블랙 코미
디는 비극의 연쇄입니다. 인간을 원하면서 상처줄 수밖
에 없는 고슴도치들의 춤입니다.

　인터넷의 남녀는 더 이상 적극적으로 싸우지 않습니
다. 그들은 그냥 상대가 불행하길 저주합니다. 수동적 공
격성만이 남아있습니다. 우리의 가치를 알아주지 못한
상대가 뒤늦게 후회하길 원합니다.

　세대 갈등도 절망감에 찌들어있습니다. 젊은이들은
기성세대에 신물이 났습니다. 국민연금 문제와 출산율
문제에 기성세대는 진지하게 접근하고 있지 않다고 생각
합니다. 기성세대에 젊은이들은 이제 싸움을 걸지도 않
습니다. 아무것도 하지 않는 것으로 응수합니다.

　이 슬픈 이야기를 조금 우스운 환담으로 풀어봅시다.
트위터에 이런 글이 있습니다. 자신이 애니메이션의 오

프닝 송을 부르니까 가족들이 화답하듯 같이 불러줬다는 망상글입니다. 그 글은 조롱의 목적으로 인터넷에 널리 퍼졌지만, 그 글을 통해 알 수 있는 인터넷의 진리가 있습니다. 우리가 원하는 것은 그저 내가 사랑하는 사람들이 나를 인정해 주는 것뿐이라는 거죠.

4장

그래도,
인터넷에서
살아남기

우리 세계에서 사랑은 두렵고, 괴롭히는 건 쉽습니다. 그건 나 스스로에게도 마찬가지입니다. 나를 사랑하라는 말은 기만같이 들립니다. 하지만 나 스스로를 괴롭히면 사람들이 호응해 줍니다.

아마 우리가 원하는 인정은 이런 건 아니었을 겁니다. 사랑받고, 자신을 사랑하고, 타인에게 좋은 영향력을 뿌리는 사람이 되고 싶었을 겁니다. 하지만 인터넷 세계에서 그런 것을 할 수는 없습니다. 비틀린 세계에선 비틀린 인정욕구를 발현해야 합니다.

우리는 정석적인 인정을 받을 수 없습니다. 인터넷은 심술덩어리입니다. 사회에서 통용되는 인정욕구를 드러내면 조롱으로만 응수할 겁니다. 내가 잘났다는 것을 드러내지 맙시다. 내가 얼마나 우스운 존재인지, 내가 얼마나 만만한 존재인지 어필하는 것이 가장 쉬운 방법입니다.

하지만 우리는 이런 인정욕구만으로 살 수는 없습니다. 인터넷에서 '살아남는 것'만으로는 이 행동원칙으로도 충분하겠지만, 더 깊고 더 안정적인 인정욕구를 느껴야 합니다. 우리는 장기적으로 인터넷을 통해 생존해야 하니까요.

인터넷 커뮤니티를 하는 사람만 인터넷에서 살아남는 법을 알아야 할까요? 아니지요. 인터넷 공간은 그 유독성만큼이나 기회의 공간입니다. 인터넷을 통해 유명해지는 것은 방법만 알면 너무나 쉬운 일입니다. 하지만 인터넷만의 생태계와 법칙을 이해하지 못하고 다짜고짜 기성 방법만을 고집하는 사람들은 이런 조롱을 들을 겁니다. '이거 바이럴이네'.

인터넷을 평생 하지 않아도 되는 사람은 어떨까요? 그들은 인터넷에서 살아남을 필요가 없을까요? 안타깝게도 이제는 인터넷이 현실입니다. 과거엔 직장이 있고 사회생활을 하는 사람은 인터넷을 하지 않는 것처럼 묘사되었습니다. 하지만 지금은 직장인만 할 수 있는 커뮤니티 〈블라인드〉가 직장인들의 세계를 지배하고 있습니다.

직장에서 도는 대화 소재들이 인터넷에서 출발할 겁니다. 거기서 이해하지 못하는 티를 내고 무슨 감성으로 이런 얘기가 나오는지 따라가지 못하는 건 곤란할 겁니다. 인터넷 특유의 감성을 이해하지 못한 사람이 진지하게 대응하면 웃음을 살 수 있습니다. 생각해 보니 웃음을 사면 다행입니다. 꼴불견 상사로 인터넷에 박제[66]당할 가능성도 있습니다.

어쩌면 우리는 모두 인터넷 커뮤니티를 하고 있을 수도 있습니다. 유튜브는 일상적으로 보니까요. 유튜브의 댓글 창을 구경합시다. 그 안에서 형성되는 문화를 읽어 봅시다. 나 역시도 이 댓글들 사이에서 인정받고 싶을 수

66   인터넷 기록에 영구히 남기는 것. 공론화와 비슷한 의미인 동시에 다르다.

있습니다. 현실에서 엄청나게 웃긴 사람이어도, 인터넷에서 웃기는 건 또 다른 문제입니다.

인터넷 밈을 따라가는 것만으로도 여러분은 훌륭한 인터넷의 생존자입니다. 하지만 인터넷의 원주민이 되기 위해서는 기라성 같은 업적을 남길 필요도 있습니다. 처음에는 자신이 단 댓글에 많은 사람들이 호응해 주는 것, 좋아요를 많이 받는 것, 내 게시물이 베스트 게시물로 선정되는 것 등등으로 시작해 봅시다.

그리고 다음 스텝은 밈을 창조하는 겁니다. 내가 이 세상을 바꿀 수 있습니다. 이전에 말한 수많은 인터넷의 밈들을 창조한 사람은 유명한 연예인도 정치인도 아닙니다. 조롱을 유달리 잘하고 인터넷 감성을 잘 이해한 일반인이 만들어낸 말들이 대다수입니다.

우리의 비틀린 인정욕구는 또 다른 재미를 만들어냅니다. 쾌락주의적이고 말초적이어도 좋습니다. 이 공간에서 내 유전자를 남기는 것과 같은 재미는 각별합니다. 그것이 리처드 도킨스가 제시한 '밈'의 개념과 정확히 일치합니다. 나의 사고관, 나의 사상이 세상을 뒤집을지도 모릅니다.

우리 세상의 체질을 근본적으로 바꿀 수 없다면, 누구보다 잘 적응한 사람이 됩시다. 인터넷의 사고관을 흡수할 필요는 없습니다. 그 세계관에 공감하지 않더라도, 이용할 수는 있습니다. 아예 저처럼 남초 커뮤니티와 여초 커뮤니티를 모두 즐겨봅시다. 극단주의에 찌든 인간이 될지라도, 어느 한쪽에 심정적으로 공감하기는 어려워질 겁니다. 말하고 보니 최악의 '쿨찐'같군요.

사람들의 관심을 끌고, 그 관심에 기뻐하는 비틀린 인정욕구. 그것을 채우기 위해선 이전의 수많은 명언들을 알아야 합니다. 이번 파트는 따라하기 좋은 소소한 유행어들을 파악하는 시간이 될 겁니다.

이거 완전 병맛이네

이제는 잘 쓰이지 않는 표현이지만, 인터넷의 감성을 이해하려면 제일 먼저 이해해야 하는 것이 바로 병맛입니다. 병맛을 어떻게 정의할 수 있을까요? 말 그대로 '병신 같은 맛'이긴 한데, 구체적으로 무엇이 병신 같은 맛인지를 생각해 봅시다.

첫 번째로는, 약간 성의가 없어야 합니다. 하지만 정말로 성의가 없다기보다는, 사람들에게 그다지 인정받지 못하는 방식으로 무언가를 보여줘야 합니다. 두 번째로, 기승전결이 망가져 있어야 합니다. 그 말인즉슨 의도적으로 특정 기승전결을 망가트려야 한다는 겁니다. 사람들에게 익숙한 느낌으로 다가간 뒤, 클리셰를 박살 내는 것이 병맛의 핵심입니다.

이를 통해 알 수 있는 것은, 의도적으로 병맛을 주는 것은 굉장히 어렵다는 겁니다. 대충 한 듯 보이지만 대충

해선 안 됩니다. 엄청나게 노력을 했지만, 노력하느니만 못한 것을 세상에 자랑해 봅시다.

가령 '잉카소'라는 유저는 한 흑인 보디빌더의 근육을 세세히 합성해서 다른 창작물을 패러디하는 작품을 만들 었습니다. 그런 짓을 할 이유가 없음에도 온갖 노력을 다 한 모습을 보면 우리는 웃음이 터져 나옵니다.

"어지간히 할 짓이 없었나?"라는 솔직한 감성을 담아 서 이런 능력을 잉여력이라고 부르기도 합니다. 별달리 하는 일이 없는 너 나 우리를 잉여인간이라고 부르는 밈 에서 출발한 말입니다. 또한 '장잉정신'이라고 하기도 합 니다. 그것에 들이는 노력을 생각하면 장인이라 불러 마 땅하나, 그 결과물이 심히 곤란하므로 잉여라고 하는 것 입니다.

이처럼 철저히 계산해서 드립을 쳐야만 병맛을 줄 수 있습니다. 특정 클리셰나 상황을 잘 분석해야만 그것을 비틀 수 있듯이, 상대의 예상을 벗어나는 행동을 하려면 상대가 무엇을 예상할지도 알아야 합니다.

그렇기 때문에 병맛은 인터넷에 적합한 개그입니다. 상대의 예상을 비트는 것은 개그의 핵심이지만, 개그와 달리 한 템포 빠르게, 더 마이너하고 코어한 취향을 비틀 수 있어야 병맛이 오롯이 전해집니다. 대중적인 공감대 를 비트는 것만으로는 병맛을 줄 수 없습니다.

그렇기 때문에 인터넷입니다. 인터넷 커뮤니티는 비

교적 소수의 인원이 깊은 공감대를 가진 곳입니다. 인터
넷의 이용자들은 평균적으로 접한 지식이나 문화의 양도
많습니다. 이미 수없이 비틀리고 재생산된 문화의 조류
를 더 많이 아는 편입니다. 많이 알고 있는 사람을 대상으
로 할수록, 그들의 예상을 비틀었을 때 받는 호응이 다릅
니다.

그래서 초기에는 병맛이 '병맛 더빙'으로 많이 나왔습
니다. 특정 애니메이션이나 상황을 보고 누구나 이해할
수 있는 상황을 보여주고, 그걸 적극적으로 비트는 것이
쉬웠기 때문입니다. 하지만 현재는 병맛은 하나의 장르
라기보단 보편적 개그의 하나로 받아들여지고 있습니다.
대중문화가 산산조각 나고 각자의 취미, 각자의 성향에
맞는 개그만을 소비하고 있기 때문입니다. 관련 내용은
제 이전 책인《오타쿠의 욕망을 읽다》를 읽어주시면 감사
하겠습니다.

인터넷이 심술의 공간이니만큼, 심술을 자극하는 것
만으로도 병맛을 줄 수 있습니다. 가령, 내가 상대의 행위
를 예상했다고 말하는 겁니다. 그리고 내 예상을 피하고
자 온갖 영문 모를 행위를 하는 것 역시도 병맛의 포인트
입니다. 이렇게 보다 보면 알 수 있는 게 있습니다. 병맛
에는 귀여움도 포함되어야 합니다.

적당히 모자라고 이상한 사람을 연기하거나, 어른이
하기에는 심히 곤란해 보이는 행동을 하는 것 역시 병맛

의 범주에 포함됩니다. 집단적으로 좀 귀여운 행동을 하는 것도 좋습니다. 가령 하스스톤 유저들은 고작 천원 남짓하는 '팩'을 받기 위해 집단으로 아이돌 행사에 용병처럼 불려 간 적이 있습니다. '팩주냐'라고 불리는 밈 역시 인터넷 특유의 '병맛'입니다.

사실 위에 나오는 표현들은 이제는 거의 사어입니다. '병맛도, 잉여력도, 장잉정신도, 팩주냐'도 이제는 쓰이지 않는 표현입니다. 하지만 이런 코드들은 여전히 인터넷에서 잘 활용됩니다. 위 코드가 사멸했기 때문에 없어진 것이 아닌, 너무 보편적인 개그가 되어서 분류할 필요가 없어진 까닭입니다.

그 말인즉슨, 병맛을 이해하지 못하면 인터넷에서 살아남기는 꽤 곤란할 것이라는 말이지요.

뇌절

애국가도 4절까지라는 말이 있습니다. 너무 자주 똑같은 말을 하면 질린다는 뜻이지요. 하지만 이 말은 틀렸습니다. 애국가를 42절까지 하면 어떨까요? 12절쯤부터 흥미로워지지 않을까요? 대체 어떤 변주로 한국의 아름다움을 알려줄 수 있을까요?

"뇌절"은 밈의 특성을 잘 담은 밈입니다. 밈의 핵심은 반복성과 유연성입니다. 누구나 간단한 구호를 변주할 수 있고 반복할 수 있어야 합니다. '판사님 저는 웃지 않

았습니다'라는 드립이 '판사님 비트주세요'로 반복 및 변
주가 되는 흐름을 생각해 봅시다. 개그의 핵심이 예상을
배신하는 것이듯, 밈 역시 반복으로 운을 띄워 익숙한 분
위기를 형성한 후, 변주로 빵 터트리는 것입니다.

　이런 흐름 자체를 '뇌절'이라고 부릅니다. 뇌절은 애국
가도 1절까지라는 말에서 나온 표현이지요. 누군가가 끊
임없이 무언가를 반복할 때 '1절만~'이라고 하던 것이, *1절
에, 2절도 모자라서 카카시 뇌절까지 하네*라는 명언 이후로
'뇌절'이라는 명칭으로 굳혀졌습니다.

　뇌절은 만화 〈나루토〉에 나오는 카카시의 기술 이름이
지만, 그냥 갖다붙이기 적절하다는 이유로 쓰였습니다.
이 역시 밈을 설명하기 알맞죠. 딱히 카카시의 기술 '뇌
절'이 무슨 의미를 갖지는않습니다. 카카시의 뇌절이 반
복하는 기술이다… 같은 비하인드 스토리도 없습니다.

　그저 어감이 적절해서 쓰인 말이지만, 뇌절은 끊임없
이 반복하고 변주하는 것을 총칭하는 표현이 되었습니
다. 뇌절이라는 밈 자체가 밈의 특성인 '반복'이라는 성격
을 잘 표현한다는 점에서 메타적인 밈입니다.

　뇌절은 그 자체로 꽤 가치중립적인 표현입니다. 자체
적인 뉘앙스가 희미하지요. 누군가에게 '뇌절을 한다'라
고 한다면 보통은 부정적인 표현으로 쓰이지만, 뇌절을
하는 것이 웃기다는 의미로 한 말일 수도 있습니다.

　또한 뇌절은 또 다른 의미로 확장되기도 했습니다. 원

래 뇌절은 분명히 한 얘기를 또 하고, 한 얘기를 또 하며 사골을 끓이는 경우를 의미하는 말이었지요. 하지만 게임과 인터넷 방송의 시대를 거치며, '무리하다'는 뜻으로도 쓰였습니다. 무리한 개그 욕심으로 이상한 개그를 하여 분위기를 싸하게 만들거나, 게임에서의 욕심으로 무리하여 게임 분위기를 싸하게 만들었을 때 우린 '뇌절했다'라고 표현합니다.

하나의 표현이 끊임없이 반복되고, 그 자체로 파생 의미가 생깁니다. 언어학자들이 인터넷을 주목하는 이유가 있습니다. 인터넷은 언어의 변화를 보여주는 가장 빠른 공간입니다. 수십 년에 거쳐 사라지고 생겨나는 언어들이 인터넷에선 몇 년 단위로 휙휙 바뀌어버립니다.

뇌절의 메커니즘을 이해한 사람이라면, 인터넷에서 이미 생겨난 밈을 적절하게 활용할 수 있습니다. 어감에 맞는 변주, 다른 적절한 상황에 갖다 붙이기, 대중적인 작품 대사 활용 등등. 이 역시 천부적인 센스가 필요한 편이지만, 학습하는 것만으로도 충분히 따라갈 수 있겠지요.

삼도수군통제사

뇌절의 대표적인 예시를 알아봅시다. "삼도수군통제사"입니다. 심술과 뇌절, 반복과 비틀이 만들어낸 개그죠. 어떤 식으로 활용하는 드립이냐면…

"팩트) 역재생이다."

"ㄴ삼도수군통제사"

위와 같은 식으로 활용하는 드립입니다. 무슨 말인지 이해가 안 된다고요? 물론이죠! '삼도수군통제사'는 이전의 맥락을 모두 이해해야만 웃긴 말이니까요.

우리는 '-찐-'의 시대를 살았습니다. 어떤 댓글이 분위기를 망치거나, 나와 생각이 다르면 대댓글로 '-찐-'이라고 달아주는 것이 유행이었지요. 이런 반복이 계속되다 보니, 댓글을 쓰는 사람들은 심술을 부리기 시작했습니다. 일부러 사람들을 열받게 하려고 댓글을 쓴 뒤, 뒤에 괄호로 이런 글을 쓰기 시작한 겁니다.

(예상 답변: 찐)

이렇게 쓰기 시작한 이후부터, 사람들은 쿨한 원 댓글에게 놀아났다는 기분이 들게 되었습니다. 뭔가 여기에 화를 내거나 욕을 쓰면, 의도한 대로 놀아나는 것과 같은 느낌이었지요. 댓글에게 사회실험을 당하는 것 같았습니다.

그래서 또 한 번 열받으라고, 예상 답변과는 정반대의 댓글들을 달아주기 시작합니다. '일진'이라든지, '사랑해'라든지, 절대로 네가 원하는대로는 해주지 않겠다는 심술들의 대결이 엿보입니다. 이렇게 치열한 심술공방전이 이어지는 와중, 진정한 심술이 댓글 창을 장악한 겁니다.

'삼도수군통제사'

찐따도, 일진도 아닌 전혀 생뚱맞은 단어에 모두 충격

을 받았습니다. 그 이후로 대댓글엔 수많은 직업이 날뛰기 시작했지요. 누구도 상상하지 못할 법한 직업을 대는 것이 우승이기라도 한 듯, 다들 대댓글로 지식을 뽐냈습니다.

여기서 느끼는 커뮤니티 적응 키워드는 바로 심술입니다. 처음에는 서로를 기분 나쁘게 하기 위해 심술을 부리다가, 심술 그 자체가 불쾌한 골짜기를 뛰어넘어 대유쾌마운틴(불쾌한 골짜기를 뒤집은 표현)으로 진입하고, 그 이후에는 심술로 쓴 단어 하나하나가 의미를 갖게 되지요.

'삼도수군통제사' 이전의 예시이지만, 모든 단어에 '갓'이나 '킹' 등을 붙이던 시절이 있습니다. 치켜세우고 싶은 대상은 갓XX, 킹XX 따위로 부르고, 미운 대상은 혐XX, 좆XX 따위로 부르는 것이지요. tvN의 예능프로그램 〈더 지니어스〉의 등장인물들을 평가하면서 많이 사용되던 표현입니다. 지금은 거의 쓰지 않는 '삼도수군통제사'와 달리 지금도 자연스럽게 사용하고 있지요.

하지만 이마저도 일부러 열받으라고, 아니 킹받으라고 사용합니다. 무슨 말인지 알아듣지 못하게 쓰는 것이지요. 대표적으로 갓갓갓이 있습니다. 무슨 말이냐고요? 아무도 모릅니다. 철저히 맥락에 의존해서 그게 무슨 뜻인지 알아들어야 합니다.

인터넷 커뮤니티의 표현들은 대부분 고맥락입니다. 커뮤니티에 늘 상주하고 있는 경우가 아니면, 이 표현이 왜 웃긴지 이해할 수 없습니다. 그 당시에 커뮤니티에서 가장 칭송받는 사람이 '갓갓갓'입니다. 이 부분이 인터넷 커뮤니티에 빠져드는 것을 어렵게 만듭니다. 괜히 **닥눈삼** [67] 이라는 표현이 있는 것이 아닙니다.

이런 용법은 비꼴 때 사용하기도 합니다. 물론 이것도 심술입니다. 의도적으로 별로인 존재를 찬양하는 척하며 '갓'을 붙이는 것이지요. 대표적으로 하스스톤의 '갓갓 갓갓갓'이 있습니다. 이 용례는 거의 굳어져서, '갓갓 갓갓갓'이라는 말은 카드 '용암 광전사'를 의미하는 것이 되었습니다. 아무도 채용하지 않는 카드라는 점에서 이런 영광을 얻었지요.

문맥만으로 이해해야 하는 것으로는 그 새끼도 있습니다. 이 역시 현재진행형으로 쓰이는 드립입니다. 심지어 말을 하고 있는 자신도 모른다는 식으로 쓴 글도 많습니다. 그냥 내일쯤 되면 또 다른 '그 새끼'가 등장할 텐데, 누구보다 빠르게 숟가락을 얹어보겠다는 식으로 비꼬는 글입니다.

모든 드립의 근본은 반복과 변형인 법. '갓' 역시 변주를 피할 수는 없었습니다. 접두사에 올 수 있는 수많은 표현들이 등장합니다. 단순히 '갓'으로만 부르는 것으로는 부족하다는 의미입니다. 갓, 킹, 빛, 대, 황, 짱 등등….

'갓킹빛대황짱'이라고 붙여 부르는 것은 기본이고, 찬

---

67   닥치고 눈팅 삼년이라는 뜻. 요즘은 잘 사용하지 않는다.

양할 법한 것은 전부 접두어로 넣어봅시다. 충무공, 제네럴, 엠페러, 마제스티 등등. 저는 '참치'까지 봤습니다. 왜 참치냐고요? 자기가 좋아한대요.

　지금은 우리형과 묶여서 전부 GOAT로 통일되는 분위기입니다. 이 역시 찬양과 비꼼이 반반 섞여 있습니다. 여름철에는 에어컨의 발명자 윌리스 캐리어가 언제나 'GOAT'로 찬양받고, 여름철이 지나면 그를 지구온난화의 주범이라고 쫓아냅니다. 그를 부르는 명칭도 'JOAT'로 바꿔봅시다.

　'야민정음'이라고 불리는 〈디시인사이드〉의 철자 바꾸기도 이런 유행입니다. 그들이 이유 없이 센스 넘치게 글자를 바꾸는 법을 연구한 것이 아닙니다. 보는 사람이 열받으라고 이런 철자를 쓰는 것입니다. 처음 '숲튽훈'을 봤을 때 얼마나 당황스러웠겠어요.

┌　고구마 장사가 힘들어요… 고구마가 너무 달아서　┐

인터넷의 유행을 만드는 데 꼭 변주가 필요한 것은 아닙니다. 우직한 노력으로 꾸준글을 올리는 것만으로도 유행을 만들 수도 있습니다. 이 파트의 표제인 "고구마 장사가 힘들어요… 고구마가 너무 달아서" 역시 별 의미는 없는 꾸준글입니다. LG의 캐릭터 홀맨이 CF로 고구마 장사를 했는데, 거기에 착안해서 홀맨이라는 닉네임으로 저 댓글을 계속 달아댔지요.

꾸준글의 대부분은 별 의미도 없는 글입니다. 대표적으로 "라면 드시지 마세요"라는 긴 문장의 꾸준글은 무슨 내용이 있는 듯하다가도 이전 내용을 바로 다음 내용에서 반박하거나, 치킨을 먹으라고 했다가 튀긴 걸 먹지 말라고 하는 등 중구난방입니다.

하지만 꾸준글의 노력은 많은 사람들에게 익숙함을 낳는 법. 나는 내용을 변주하지 않더라도, 다른 사람들은 내용을 변주해줄 수도 있습니다. 혹은 내 꾸준글 자체가 '밈'이 되어서, 다른 상황에서 사용될 수 있지요. '라면드시지마세요' 역시 인터넷 방송에서 방송인이 라면을 먹을 때마다 댓글에 올라오는 '밈'이 되었습니다.

꾸준글을 쓰는 것만으로도 네임드가 될 수 있습니다. 아마 꾸준글 중 가장 유명한 건 역시 '거소그'라는 유저의 '질럿은 야마토 한방에 안죽어'일 것입니다. 게임 〈스타크래프트〉의 기본 유닛인 질럿이 최종 유닛인 배틀크루저의 필살기 한 방에 죽지 않는다는 사실을 그저 알릴 뿐인 글이지요.

하지만 너무 오래된 꾸준글이다보니, 그 안에서 서사가 탄생합니다. 사람들은 '거소그'가 왜 이런 꾸준글을 작성하는지 궁금해했습니다. 그리고 밝혀진 사실은, 거소그가 밝혀낸 사실을 댓글이 무시했기 때문이라는 것이었습니다. 사람 하나를 저렇게(?) 만든 댓글 주인을 보고 비난이 모이기도 했습니다.

거소그는 이후에도 꾸준히 똑같은 글을 업로드하고 있습니다. 지금도 '스타크래프트 갤러리'에 가면 그가 똑같은 글을 쓰고 있는 것을 볼 수 있습니다. 그는 시류에 맞춰서 스타크래프트가 비주얼 리마스터를 했을 때 리마스터된 이미지로 '짤방'을 변경하기도 합니다. 지금은 인터넷의 유명한 NPC처럼 취급되지요.

물론 이렇게 유명해진 꾸준글은 빙산의 일각입니다. 대부분의 꾸준글은 눈에 띄지 못하고 차단당하고 사라집니다. 또한 노력 대비 결과도 시원찮습니다. 꾸준글을 몇 년간 꾸준히 쓰는 것으로 하루 이틀 회자될 뿐입니다.

하지만 겨우 그 정도 관심으로도 인정욕구를 충족시킬 수 있어야 장잉정신입니다. 내가 마땅히 할 일도 없고 심심한 사람이라는 것을 어필합시다. 인간미를 보여주는 것도 좋습니다. 분명히 복사 붙여넣기일 것이라고 생각했던 꾸준글에 오타를 낸다거나요. "냐아아 도키도키시데타"(두근두근 거려요)라는 꾸준댓글 역시 지금은 거의 보이지 않지만 한때 엄청난 인기를 구가했습니다.

끔찍한 케이스지만, '꾸준글'을 '주작'해서 유명해진 케이스도 있습니다. 주작은 자신의 글이 인기글에 오를 수 있게 추천 수를 조작하는 것입니다. 보통 이런 행동으로는 악명만 떨쳐지지만, 악명도 명성이라고 믿는 사람들은 지금도 어딘가에 존재합니다. 슈퍼스타는 언제나 안티를 몰고 다니니까요.

실시간 X붕이 좆됐다

밈은 대부분 꾸준글 혹은 템플릿입니다. 일정한 형식을 두고 거기서 자유롭게 변주하는 것이지요. 가장 쉽게 활용할 수 있고, 흔하게 보이는 템플릿이 바로 '실시간 X붕이[68] 좆됐다'입니다. 그저 자신의 불행을 자랑하는 것뿐이지요.

라면을 끓여오다가 쏟았다든지, 엄청 큰 벌레를 봤다든지, 화장실 문이 잠겼다든지 등등. 내가 당혹스러운 것을 보았을 때 느낀 감정을 쏟아냅시다. 그리고 모두와 함께 공유해봅시다. 이렇게 비유하면 좀 초등학생 같지만, 화장실에서 엄청나게 큰 변을 발견했을 때 동네방네 소문을 내는 것과 비슷한 감정입니다. 사람은 커도 애라는 말이 괜히 있는 게 아닙니다.

이 템플릿에 사용되는 불행은 적당한 불행이어야 합니다. 행복을 자랑하는 것은 유아적인 욕구를 충족시켰을 때만 가능합니다. 인터넷 커뮤니티에 올릴 수 있는 행복은 거대로봇을 샀다든지, 레고를 조립했다든지, 너구리에 다시마가 두 개 들어가 있는 정도입니다.

이 이상의 선을 넘으면 분명 당신의 행복은 조리돌림당할 것입니다. 자동차까지도 아니고, 맛있는 음식을 자랑하는 것만으로도 그돈씨[69] 소리를 들을 겁니다.

68　특정 커뮤니티 사이트를 표현하는 말. 뒤에서 자세히 설명 예정.

69　그 돈이면 씨발 XX산다의 줄임말. 음식이면 보통 국밥이나 돈까스, 제육볶음이 나온다.

　　너무 큰 불행을 올리는 것도 지양해야 할 일입니다. 너무 큰 불행을 보면 우리의 심술꾸러기 인터넷 친구들에게도 일말의 동정심이 생깁니다. 그들은 동정심보다도 동정심을 느낀 그들 자신 무서워합니다. 스스로의 나약함을 씻어내고 싶기라도 한 듯, 당신을 혐오할 겁니다.

　　당신은 위로를 사려고 한 죄로 혐오를 받을 겁니다. 그리고 댓글 창은 전쟁터가 되겠지요. '어떻게 이런 것도 조롱할 수 있냐', '온 세상을 다 혐오하던 주제에 이건 안되냐?'로 10시간도 넘게 싸울 수 있는 사람들입니다.

　　적당한 불행을 전시합시다. 조롱해도 죄책감이 들지 않는 정도로요. 내 기분도 썩 나쁘진 않습니다. 이런 경우를 *개념글 티켓*이라고 부르기도 합니다. 라면 하나 쏟은 걸로 이만한 관심을 받기는 쉽지 않습니다. 가족에게는 핀잔이나 들었겠지요. 하지만 이곳에선 우레와 같은 성원을 얻을 수 있습니다.

　　한국만의 정서도 아닌 듯한 것이, 〈레딧〉 등의 서구권 커뮤니티에서도 자신을 **로스트**[70] 해달라는 요청이 끊이지 않습니다. 내 불운을 인정받는 것도 본질적으론 내 행운을 인정받는 것과 크게 다르지 않습니다.

　　인터넷 커뮤니티의 정서라고 했지만, 우리의 본질적인 욕망일지도 모릅니다. 내 불운을 희화화하는 것. 남의

[70]　스탠드업 코미디 용어. 타버릴 정도로 강하게 조롱하며 디스하는 것을 의미한다.

불행을 조롱하고 싶은 것. 어느 쪽이든 내 인생을 별것 아닌 걸로 느낄 수 있습니다. 우리는 거기서 묘한 안정감을 느낍니다.

⌐ 쉽지 않음 ¬

나의 불운을 자랑하는 것을 넘어서 봅시다. 내가 약한 존재이며 찌질한 존재임을 사람들에게 과시하는 겁니다. 우리네 찌질한 삶을 보여주는 것은 묘한 인기가 있습니다. 김풍, 심윤수 작가의 웹툰 〈찌질의 역사〉처럼 우리는 누구나 찌질했던 흑역사가 있습니다. 남의 찌질한 사연 속에서 자신의 흑역사를 느끼고 함께 고통받는 것. 그것이 공감성 수치[71]입니다.

좋은 예시가 있습니다. "쉽지 않음"입니다. 머리를 마음대로 짧게 자르는 미용사에 대한 불만을 토로하는 댓글의 대댓글로 누군가 차가운 일침을 날립니다. '그럼 미리 말을 해'. 이 말에 댓쓴이[72]가 이렇게 대응합니다.

"쉽지 않음"

고작(?) 미용사와의 대화가 쉽지 않다는 말을 보고 본

---

71   타인이나 영화 속 등장인물이 창피를 당하거나 곤란한 상황이 되면, 자신이 그 상황에 놓인 것처럼 민망해하는 현상을 지칭한다. 일본의 임상심리학자 우치다 토모아키가 언급한 심리학 용어로 인터넷 커뮤니티에선 '공수치'라고 줄여 쓰기도 한다.

72   글쓴이처럼 댓글쓴이, 댓쓴이처럼 쓸 수 있다. 여초에 커뮤니티에선 '쓰니'라고도 한다.

능적인 웃음이 터져 나왔지만, 그 담담함 속에서 어쩐지 나의 모습이 읽혔습니다. 누구보다 사교적인 사람들이 근무하는 미용실. 패션과 스타일을 잘 알지도 못하는 나. 이방인처럼 우물쭈물하며 그 공간을 표류하는 내가 느낀 감상을 4글자로 표현한 말인 겁니다. '쉽지 않음'.

스스로를 약자로 정체화하는 데에는 이득이 있습니다. 아무도 나를 중요한 존재로 인식하지 않는다는 겁니다. 〈스파이더맨〉 시리즈를 관통하는 명언이 있습니다. "큰 힘에는 큰 책임이 따른다." 반대로 생각해 봅시다. "내 힘은 작으니까 책임질 필요가 없다"라고 말입니다.

지금 당장 우리나라의 유수의 재벌들을 제가 모욕한다고 생각해봅시다. 그들은 제게 관심을 가지지 않을 겁니다. 저는 그다지 대단치 않으니까요. 이를 역이용하는 겁니다. 상대를 모욕하고 비난하기 위해 나 스스로를 대단치 않은 존재로 규정합니다. 나는 아무것도 아닌 존재이니 마음대로 행동해도 괜찮다는 안정감이 들지요.

인터넷 밈을 상징하는 캐릭터가 있습니다. 맷 퓨리 작가의 〈페페 더 프로그〉입니다. 여러분들이 인터넷을 하다 보면 종종 접하게되는 슬픈 눈을 한 개구리가 바로 페페입니다. 서구에서는 주로 대안우파 세력이 쓰고 있지만, 한국에서는 인터넷 커뮤니티 유저 대부분이 사용하고 있습니다. 그러나 근본적으로 페페가 인기 있는 이유는 같지요. 스스로를 낮잡아 표현한다는 점입니다.

　미국의 대안우파들은 스스로를 베타라고 표현하며, 페페를 자신의 상징으로 삼습니다. 한국에선 남녀노소를 불문하고 자신을 슬프면서 우스꽝스러운 존재로 표현하기 위해 페페를 사용합니다. 페페는 광대입니다. 스스로의 슬픔을 희화화하지요.

　페페콘이 담고 있는 감정들은 대부분 짠내 납니다. 웃어도 어딘가 모자라 보이고, 분노해도 별 것 아닌 것으로 보입니다. 페페로 대변되는 인터넷 속 우리는 무능합니다. 살짝 우쭐한 모습도 같잖고, 누군가를 공격하려는 모습도 하찮습니다. 현실에서는 무엇도 하지 못하고 참는 우리들이, 인터넷에서는 느끼는 감정을 짠내 나게 표현합니다. 그런 찌질한 우리들은 페페라는 밈 속에서 공감을 느낍니다.

　이처럼 자신의 찐따스러움을 표현하는 글들이 인터넷에 범람하고 있습니다. 지난 장들에서 분석했듯, 이는 스스로를 '하찮은 존재'로 규정하는 것입니다. '흙수저특'과도 유사한 면모가 있습니다. 자신의 약자성을 전시하고 혐오하지만, 그들과 내가 동일하다는 것을 은연중에 드러내는 겁니다.

　우리는 '흙수저특'을 말하는 것처럼, 우리 스스로를 혐오합니다. 약자 혐오의 일환이기도 하지만, 불운한 경험을 공유하며 공감하는 것이기도 합니다. 사회를 뒤흔들었던 미투 운동과 근간이 비슷합니다. 나도 비슷한 고통을 겪었다고 말하는 댓글들을 보며 서로를 희화화하며 안정감을 느낍니다. 우리가 견디지 못하는 것은 경제적인 고통이 아닌 외로움일지도 모릅니다.

『 미안하다 이거 보여주려고 어그로 끌었다 』

솔직하고 짠내 나는 스스로를 보여주는 것은 인기를 끕니다. 가면놀이와 심술에 지친 사람들이 또 다른 먹거리를 찾은 것이지요. "미안하다 이거 보여주려고 어그로 끌었다"는 가면놀이와 심술을 탑재한 동시에, 게시물 본문에서는 솔직함을 보여주는 템플릿으로 인기를 끌었습니다.

어그로. 온라인 게임 〈월드 오브 워크래프트〉에서 나온 말로, 공격수에게 몬스터의 공격이 향하지 않도록 몬스터의 주의를 끄는 것을 '어그로 관리'라고 말합니다. 이 표현에 관한 확장형으로 인터넷에서 타인의 관심과 시선을 끄는 것을 '어그로 끈다'라고 말하지요.

대부분의 경우엔 부정적인 의미입니다. 실제 내용은 재미가 없으면서, 제목 등을 통해 과대포장하는 경우 '어그로 끄네'라고 욕을 하기 위해 쓰는 표현이지요. 하지만 인터넷 커뮤니티는 작은 마케팅 세상인 법. 인터넷에서 인정욕구를 채우기 위해선 좋으나 싫으나 어그로를 끌어야 합니다.

인터넷에서 쓴 글이 별거 아니라고 생각할 수 있지만, 그런 별거 아닌 공간에서조차 내 글이 묻히는 쪽이 더 싫습니다. 제목에 자극적인 표현이나, 현재 떡밥[73]에 억지로 끼워맞춘 키워드를 넣습니다. 아예 본문과 상관없는 제목을 써봅시다. 우리는 악플보다 무플이 더 무서우니까요.

'미안하다 이거 보여주려고 어그로 끌었다'는 2019년의 난세에 등장했습니다. 제목으로 어그로를 끌고, 열받게 만들고, 심술을 부리던 우리의 모습을 솔직하게 대변이라도 하듯, 자신이 어그로를 끌었음을 솔직하게 고백하는 모습은 웃음을 자아내기 충분했습니다. 그리고 그렇게 어그로를 끌어서 사람들에게 보여주고 싶어 하는 모습이란….

"나루토랑 사스케 싸움 수준 ㄹㅇ 실화냐?"

그냥 자신이 감명 깊게 본 애니메이션의 장면이었죠. 인터넷 커뮤니티의 문법에 정반대로 역행하는 과장되고 호들갑이 가득한 문체. 자신이 특정 콘텐츠에 과몰입했음을 노골적으로 드러내는 톤 앤 매너. '미안하다 이거 보여주려고 어그로 끌었다'의 본문은 인터넷 커뮤니티의 문법을 정반대로 역행합니다. 그게 오히려 신선함을 자극했지요.

쿨하고, 몰입하지 않고, 심술이 가득해서 타인을 긁기만 하던 인터넷 세계에는 또 다른 바람이 불었습니다. 마치 예술의 발전사 같습니다. 이전 사조를 부정하고 새로움으로 승부합니다. 이에 호응하듯 2019년에 이와 유사

73   현재 이 커뮤니티에서 도는 최대의 담론 혹은 관심거리.

한 밈이 하나 더 생깁니다. "나도 내가 징징거리고 눈꼴시려운 건 알고 있는데…"로 시작하는 긴 댓글입니다.

이 댓글은 자신이 먼저 올린 글을 타인이 다시 재업로드를 했을 뿐인데, 먼저 올린 자신의 글은 추천을 많이 받지 못하고, 재업로드한 타인의 글이 인기글에 등록된 것을 한탄하는 내용입니다. 인터넷 세계에서 자신의 억울함을 그대로 말하는 것은 있을 수 없는 일이지요. 인터넷 원주민들이라면 아마 내심 속상했더라도 '쿨'하게 아닌 척했을 겁니다.

하지만 이 댓글은 쿨한 시대에 정면으로 맞섰습니다. 고작 인터넷 글 하나에 나는 이토록 속상하다는 것을 티내는 겁니다. 당연히 퍼지기 시작한 초반에는 욕을 많이 들어먹었으나, 이 글 자체가 주는 흡입력이 있었기 때문에 이후에 굉장한 인기를 끌게 됩니다. 역시 사람들을 감동시키는 것은 쿨한 것이 아닌 뜨거운 진심인 모양입니다.

물론 '내가 징징거리고 눈꼴시려운 건 알고 있는데'와 '이거 보여주려고 어그로 끌었다'는 모두 밈이 된 이후에는 변주와 심술로 오염되었습니다. 오늘 생긴 뉴스를 보고도 '내가 7개월 전에 이미 올린 내용이다'라고 주장하기도 합니다.

자신이 과몰입한 찐따라고 동네방네 소문을 낸 뒤에, '나 슼갈인데' 밈을 이용하기도 하지요. 사람들에게 어그로를 끈 뒤, 자신이 좋아하는 대통령, 프로게이머, 축구

선수를 줄줄이 읊는 것이죠. 아마 그 글을 쓴 사람은 실제로는 언급한 '대통령, 프로게이머, 축구 선수'를 싫어하는 사람이겠죠. 우리형이나 '갓갓갓'이랑 비슷한 겁니다.

2019년을 뒤흔들었던 〈문재인 악수 매드무비〉 역시 이 밈에서 출발했습니다. 당시에는 존재하지도 않았던 〈문재인 악수 매드무비〉를 시청하며 마음을 풀겠다고 주장하는 댓글은 대단한 인기를 끌었습니다. 덕분에 〈문재인 악수 매드무비〉는 지금 실제로 생겼지요.

사실 어그로 맞음. 근데 어쩔건데?

2019년이 쿨함에서 벗어나 자신의 찌질함을 인정하고, '과몰입'하는 솔직한 청년을 연기하는 사조가 등장했던 시기라면, 2022년부터는 새로운 흐름이 등장합니다. 아예 적반하장을 하는 것이지요. 솔직함이라는 매력은 그대로 살리되, '우리가 사과해야하는가?'에 대한 새로운 의문을 제시하고 있지요.

"사실 어그로 맞음. 근데 어쩔건데?"는 말로라도 '미안하다'라고 했던 '이거 보여주려고 어그로 끌었다'의 진화형입니다. 이 밈의 핵심은 솔직함이지, 그들에게 진짜 미안함을 느끼는 것이 아니라는 점을 잘 캐치한 것이죠. 만약 정말 미안했다면 애초에 어그로를 끌지 않았을 테니까요. 솔직함을 연기하는 것조차 일종의 심술입니다. 웃는 낯에 침 못 뱉는다는 말이 있잖아요?

'사실 어그로 맞음'은 웃는 낯이 아니지만 침을 못 뱉게 만듭니다. 상대방에게 무력감을 주는 것이지요. 인터넷에서 어그로에 끌린 너희는 이미 패배자라는 겁니다. 인터넷에서 너희를 분노하게 한 나는 승리자, 아무것도 대응할 수 없는 너희는 이미 패배자. 사회실험[74]과 골자가 유사합니다. 내 의도에 말려든 순간 이미 패배자라는 점이 유사하지요.

이러한 적반하장식 솔직함은 주식계에선 이미 등장했습니다. '나스닥은 신이고 나는 무적이다'라는 드립이 있지요. 2020년 후반에 미국 주식이 연일 상승하던 시절의 일입니다. 사람들은 으레 자신이 돈을 번 것을 숨기고 뒷짐지기 마련이지만, 2020년에는 솔직함이 도를 넘었지요.

'돈이 복사가 된다고'와 '나스닥은 신이고 나는 무적이다'는 현실 세계의 사고관을 역행합니다. 남들에게 자신이 돈 번 것을 자랑하고, 성실하게 돈을 버는 사람들을 비웃기도 합니다. 미국 주식에 투자하지 않는 사람들에게 욕설도 서슴없이 합니다.

인터넷의 역공이죠. 현실에서 거리낌을 당하는 사람들이 인터넷에선 포지션이 반대가 됩니다. 성실히 일하는 직장인이나 자영업자들이 오히려 비웃음을 사고, '깝치지 마'라는 소리를 듣습니다. 사회에 대한 카운터 펀치

74   사람들을 속여먹은 뒤에 이건 다 실험이었다고 포장할 때 쓰는 표현이다.

처럼 보이기도 하지만, 일종의 블랙 코미디이기도 합니다. 1년 뒤 '해외주식 갤러리'의 밈은 '자살하면 그만이야'였거든요.

인터넷에서는 약자들이 당당하고 솔직합니다. 그들은 타인의 약점뿐만 아니라 자신의 약점까지 이용하며 전방위로 세상을 공격합니다. 광대는 스스로 천하다고 말합니다. 그러면서 세상을 비웃습니다. 천것이 하는 말을 너무 귀담아듣지 않아도 좋다는 해학입니다.

물론 이는 혼란을 줍니다. 주식 전업 트레이더가 스스로를 해학적으로 낮추고 사회를 비방하지만, 누군가는 그 말에 실제로 흔들립니다. '정말로 성실히 일하는 내가 멍청한 건가?' 인터넷은 종종 이런 식으로 박탈감을 일으킵니다.

하지만 인터넷 커뮤니티의 맥락을 제대로 이해한 사람이라면 이런 말에 휘둘리지 않습니다. 그들이 하는 것은 잠깐의 희열에 찬 배설에 불과하고, 어느 순간 반대 포지션에서 조롱당할 일이란 것을 알게 되기 때문입니다. 이것이 인터넷에서 살아남는 방법입니다.

확실히 아이폰을 사고 나서 내 인생이 달라졌다

인터넷에서 가장 많이 하는 것은 갈드컵입니다. 가면을 쓰든, 진짜로 참여하든, 남이 못났고 내가 잘났다는 것을 증명해야 하는 싸움이지요. 이 싸움은 정정당당할 필요가 없습니다. 가장 좋은 방법을 알려드리죠. 상대 집단에게 프레임을 씌우는 겁니다.

"확실히 아이폰을 사고 나서 내 인생이 달라졌다"는 아이폰 유저에 대한 조롱입니다. 아이폰을 사고 나서 자신의 인생이 더 긍정적으로 바뀌었다고 서술하는 글이지만, 자세히 뜯어보면 희화화가 들어가 있지요. 원래는 대인기피증이라 배달 주문도 제대로 못 했다거나, 일진 눈도 못 마주쳤던 사람이라는 식의 프레임이지요.

그런 찌질한 사람이 고작 아이폰 하나 사면서 이토록 유세를 떤다라는 프레임을 만드는 글입니다. 이 템플릿은 인터넷 커뮤니티 전반으로 퍼져나갔지요. 정말 아무것도 아닌 일로 유세를 떠는 듯한 모양새는 같잖음과 함께 묘한 귀여움⑺을 불러일으켰습니다. 이 글이 남긴 명언은 지금까지도 자주 쓰이지요.

나는 누구? 아이폰 XS MAX 64gb 오너

사실 이렇게 터무니없는 글을 써서 특정 집단을 비웃는 것은 최근 일이 아닙니다. 아주 예전의 꾸준글 중에도 있지요. '솔직히 야겜[75]안하는 놈들이 사랑을 알겠냐?'라는 글입니다. 세간의 생각을 완전히 비틀어버린 내용이지요. 야겜을 하는 쪽이 진정한 사랑을 하는 쪽이고, 야겜도 안 해본 사람은 사랑 따위 모르는 바보라고 하는 내용입니다.

75　　성인 게임.

4章 그래도, 인터넷에서 살아남기

터무니없음은 인터넷의 아주 오래된 유머코드입니다. 특히 전혀 그럴 것 같지 않은 사람에 대한 터무니없는 상상은 인터넷을 지배하기도 하지요. 유튜버 올리버쌤은 이런 밈의 피해자(?)입니다. 한 유저가 올리버쌤의 성대모사를 한다고 주장하고는 올리버쌤과 그다지 닮지 않은 목소리로

"안녕하세요, 올리버쌤입니다. 와 젖탱이 보소?"

라고 말하는 것은 터무니없는 웃음을 주기 충분했습니다. 절대로 그런 말을 할 것 같지 않은 사람이 그런 말을 한다는 상황이 어이가 없었던 것이지요. 지금도 인터넷에선 가슴을 '올리버쌤'이라고 부릅니다. '와 올리버쌤 보소'라고 부르는 경우가 많지요.

비슷한 케이스로 강아지 조련사 강형욱 씨에 대한 밈도 있습니다. '새끼 강아지를 밟으면 1억을 주겠다고 하면 하시겠습니까?'라는 인터넷 유머글의 댓글에 달린 '강형욱도 탭댄스 출 듯'이라는 말이 몹시 터무니없었기 때문에 인터넷에선 강형욱 씨에 대한 이미지가 '탭댄스'로 굳혀져 있지요.

"~~되는 상상함"이라는 밈도 있습니다. 아예 제목부터 자신의 망상이라고 선을 긋고 가지요. 찐따인 자신이 일진들에게 복수하는 망상을 구체적으로 서술하는 밈입니다. 자기를 하찮은 존재로 정의하고, 그런 자신이 하는 망상을 사람들에게 보여주는 것. 이들의 유행 이유는 터무

니없음도 있겠지만, 또 다른 이유도 찾을 수 있습니다. 그건 바로 '귀여움'입니다.

니가 붕붕이야? 난 야붕인데

사실 인터넷의 사람들은 귀여운 걸 좋아합니다. 여초 커뮤니티에서는 이런 귀여움을 "하찮다"라고 좋아하지요. 남초도 그다지 다르지 않습니다. 페페가 인기를 얻은 것도 하찮은 귀여움을 갖췄기 때문입니다. 흔히 짤로 쓰이는 네모네모 멈뭄미도, 남초 커뮤니티의 행운의 상징 따봉도치도, 아재개그인 땃쥐 드립도 전부 귀여워서 쓰는 것입니다.

이건 ==자기모에화==[76]로도 읽을 수 있습니다. 자신의 감정을 그대로 표현하는 것보다, 페페라는 귀여운 캐릭터를 통해 표현하는 것이 더 재밌습니다. 스스로를 지칭하는 표현도 귀여운 쪽을 사용합니다. 남초커뮤니티에서 주로 쓰는 "X붕이"라는 표현은 조롱과 귀여움이 함께 혼재된 표현입니다.

2PM 출신 연예인 박재범 씨의 팬들이 모인 '꿀벌대소동 갤러리'. 이 갤러리는 추후 '해외연예 갤러리'의 모체가 됩니다. 〈디시인사이드〉 내부의 유명한 여초 갤러리였던 해연갤. 그들은 '꿀벌대소동 갤러리'의 영향으로 서로를 붕붕이라고 불렀습니다. 그들이 '국내야구 갤러리' 유

---

[76]   특정한 무언가를 귀엽게 표현하는 것을 모에화라고 한다.

저들의 눈에 띄기 전까진 말이지요.

여초 커뮤니티 유저들이 서로를 "붕붕이"라고 부르는 것을 본 '국내야구 갤러리' 유저들은 즉시 조롱을 준비했습니다. 그들은 서로를 야갤러 대신 "야붕이"라고 부르기 시작했지요. '붕붕이'라는 자기모에화 조어를 비웃기 위해서였습니다. 하지만 이게 묘하게 어감이 착붙고, 미묘한 귀여움까지 포함되어있던 나머지… 'X붕이'라는 명칭은 〈디시인사이드〉 전역으로 퍼져나갑니다.

사실 예전에도 비슷한 일이 있었지요. 여초 커뮤니티 유저들이 성기를 '소중이'라고 부르는 것을 보고, 남초 커뮤니티 유저들이 그럼 자신의 것은 '대중이'라고 불러야 한다고 말한 적이 있습니다. 물론 '대중이'는 너무 정치적으로 보였기 때문에 유행하지 못했지만, 'X붕이'는 그 묘한 하찮음을 기반으로 퍼져나가게 되었죠.

남초 커뮤니티의 기본 명칭이 된. 'X붕이'는 게임계에서도 흔히 쓰입니다. 캐릭터가 찌질하고 무능해 보이면 동질감을 느끼고 'X붕이'라는 명칭을 달아주지요. 대표적으로 〈리그 오브 레전드〉의 가렌은 가렌이라는 원래 이름보다 가붕이로 더 많이 불릴 정도입니다.

'X붕이'처럼 스스로를 살짝 귀엽게 표현하는 것을 넘어… 요즘은 아예 모자란 사람 흉내를 내는 것이 유행입니다. 인터넷에서 싸우는 것은 이제 질린 거죠. 몸만 큰 아이처럼 스스로를 유아적이거나 부족한 사람처럼 말하는 건 조금 적응하기 어려운 일입니다.

　자신의 의견을 적극적으로 내던 2010년대와 달리, 인터넷 커뮤니티에 깊게 적응한 유저들은 이모티콘만으로 소통합니다. 귀여운 이미지, 모자라 보이는 이미지를 보이면 사람들이 굳이 시비를 걸지 않기 때문입니다.

　이 업계의 선두를 달리는 '중세게임 갤러리'에서는 이미 수많은 저능어가 발달되어 있습니다. 서로를 중붕이라고 부르던 사람들이 어느 날 스스로를 중빵이라고 지칭하고, 중빵이가 두부이, 두부이가 뮤땨이, 이제는 인간의 언어를 잃어버린 채 서로 짱아의 말로 소통하고 있습니다. 뮤땨땨땨땨땨라고 말이지요….

　인터넷에서 지성을 잃어가는 과정 같지만, 현명한 대처일 수 있습니다. 인터넷의 내쉬 균형은 쿨함으로 귀결되는 듯했지요. 무엇도 사랑하지 않고 조롱만 하는 존재. 하지만 뮤땨이들은 타인을 조롱하지 않습니다. 조롱하는 건 자신뿐입니다. 반대로 무언가를 사랑하기도 합니다. 바보같이 말하긴 하지만 그들은 감정을 비교적 솔직히 표현하지요.

　인터넷에 '뮤땨이'만 있는 것은 좀 역겨워 보이긴 하겠지만, 그 안에 빠져들면 상처를 주지도 받지도 않는 새로운 균형이 생겨나게 됩니다. 타인의 '긁'에도 반응할 필요가 없습니다. 나는 인간의 언어를 잊어서 기분이 나쁘지 않기 때문입니다.

그들은 인터넷의 새 내쉬균형을 제시합니다. 그 균형
이 말을 못하는 '뚜따이'인 게 조금 버거울 뿐이죠. 사실
인터넷의 이야기지만 결국 이곳도 사회입니다. 인간들
의 관계에서 최선의 선택이라고 말하는 것 자체가 일종
의 '쿨찐'이었을 수 있습니다. 우리에게 반드시 따라야 할
균형은 없을지도 모릅니다. 그저 한 사람 한 사람의 생존
전략만이 있을지도요. 인터넷에선 이렇게 살아남는 법도
있는 거죠.

『 아쎄이! 해병문학을 일독하도록! 』

인터넷 공간은 조롱과 심술의 공간입니다. 현실을 비웃
고 누군가에게 상처를 주는 것으로 웃음을 자아냅니다.
2010년대엔 그 대상이 약자였습니다. 실장석이라는 것
의 유행으로도 알 수 있지요. '실장석'은 사회적 약자의
가장 싫은 모습만 모은 캐릭터입니다. 나약하고 민폐를
끼치는 주제에 타인에게 오만방자하고 세상에 끝없이 요
구만 해대지요.

2010년대의 날카로운 분위기를 반영하듯 인기를 끈
실장석, 그 인기도 2020년대에 들어서며 사그라들었습
니다. 그리고 새로운 조롱대상이 생기게 되었죠. 해병대
입니다.

77   《로젠 메이든》의 등장인물 스이세이세키로부터 파생된 인터넷 캐
릭터이자 밈이다.

해병대는 사회적 약자가 아닙니다. 일종의 시스템이
지요. "해병문학"에 등장하는 해병대라는 시스템은 그야
말로 호러입니다. 멀쩡한 정신을 지닌 사람이 들어오고,
'해병대'라는 끔찍한 시스템을 맞닥뜨린 후, 그 시스템에
적응해서는 다시 새로운 신입을 교육합니다.

멀쩡하던 사람이 '해병화' 되는 것은 공포와 함께 웃음
을 자아냅니다. 역시 개그와 호러는 오랜 친구입니다. '해
병문학'에 나오는 해병대는 비상식의 공간입니다. 해병
대라는 시스템은 사람을 망가뜨리고 적응하게 만듭니다.
실제 군대가 그러하듯, 우리는 특정 시스템에 강제로 던
져지고 거기서 적응해나가야합니다. 그런 시스템의 공포
를 우스꽝스럽게 풍자한 것이 바로 '해병문학'입니다.

해병대에 입대하면 이름이 바뀝니다. 사회의 이름은
버린 채 해병으로 다시 태어난다는 의미라고 합니다. 한
국어에서 가능한 이름인지 아닌지도 모르겠는 이름들이
즐비합니다. 아직도 '견쌍섭'의 쌍이 무슨 한자인지 모르
겠습니다.

'해병문학'의 해병대는 못먹을 것을 먹습니다. 온갖 오
물들이 '해병식사'라고 주장하며 주계장[78]을 수놓습니다.
처음에는 거부감을 느끼던 신병들은 점점 아쎄이[79]가 되
어가며 그 오물들을 먹기 시작합니다.

78   해병대의 조리장
79   해병대의 신병

'해병문학'은 현실의 해병대의 악습을 풍자하고 비판하는 블랙코미디입니다. 극단적인 설정들을 제외하면 해병대에서 실제로 있었던 일들을 소재로 하고 있지요. '오물을 먹인다'라는 것도, 사회의 이름을 버리라는 것도 해병대 출신 인물들에게서 들리는 괴담에 근거하고 있습니다.

현실의 해병대와 달리 '해병문학'은 훨씬 극단적인 양태를 보이지만, 그들의 마음 하나는 순수하고 착합니다. 그들의 선의(?)가 끔찍한 결과를 낳을 뿐입니다. 신병이 잘 적응할 수 있도록 전우애[80] 시간을 친히 베풀어준다거나, 아쎄이의 기력보충을 위해 가장 좋은 해병짜장[81]을 준비해준다거나 하는 가슴 따스하고 앙증맞은 모습을 보입니다.

'해병문학'은 2020년대 밈의 흐름의 총체와도 같습니다. 인터넷 밈의 '터무니없음'도 충실히 반영되어, 대한민국 해병대의 창건일이 백악기로 표현되기도 합니다. 해병 이름도 터무니없긴 마찬가지입니다. '톤톤정'은 세글자 이름이긴 하지만 범인의 발상에서 나올 수 있는 이름이 아닙니다. 성과 이름 첫 글자가 같은 것이 진짜 광기입니다.

'해병문학'의 발전은 인터넷의 순기능을 보여주기도

---

80   '해병문학'에서는 동성 간 성군기 문란을 의미한다.
81   분뇨를 의미한다.

합니다. 처음에는 철저히 해병대를 조롱하기 위해 탄생한 밈이었지만, 밈의 발전과 함께 해병대와는 멀어지는 모습을 보이거든요. 설정이 굳어지고 캐릭터화가 잘 된 지금은 특정 캐릭터의 성격을 부각하는 방향으로 흐르고 있습니다.

병영 부조리를 고발하기 위해 탄생한 밈이지만, 시간이 지나며 유쾌한 공간처럼 보이기도 합니다. 지능만 내려놓으면 어쩌면 유토피아가 아닐지 생각하는 사람들도 있습니다. 뮤땨이와 비슷하죠. 인터넷 커뮤니티의 공통점입니다. 외부 사람들이 혐오할지언정 적응만 하면 그 안에 있는 유저들은 의외로 행복합니다.

해병대를 '해병문학' 제작자들이 혐오하는 것처럼, '해병문학' 제작자들도 외부인들에게 혐오를 받습니다. 자극적인 설정과 끔찍한 전개를 즐기는 사람들이 배척받는 건 조금 당연하기도 합니다. 실장석 창작자들도 비슷한 취급을 받았으니까요. 하지만 그 문화를 즐기는 그들은 행복합니다. '해병문학'은 인터넷 공간의 본질을 보여주는 밈이라고 생각합니다.

그리고 또 다른 즐거움도 있습니다. 인터넷 커뮤니티라는 공간은 반사회적 공간입니다. 그들은 스스로의 반사회성 때문에 사회에서 배척받았다고 주장합니다. 그러나 역설적으로 그들이 즐기는 것은 '혐오받는 것'입니다. 남들에게 내가 즐기는 혐오스러운 것을 권하는 재미가 있지요.

마치 아재개그를 치는 사람과 비슷한 것입니다. 자신의 개그를 듣고 좋아하면 행복한 일이고, 자신의 개그를 듣고 분위기가 썰렁해져도 행복한 일입니다. 그런 상황에 겪는 경멸과 조롱, 비웃음 역시 나에 대한 관심이기 때문입니다. 역시 무플보다는 악플이 낫습니다.

실전압축근첩도네는 좆토피아

혐오 받는 취향을 가진 우리들은 일부러 욕을 먹기 위해 우리의 추악한 문화를 타인들에게 강제로 떠먹이기도 합니다. 휴라이 휴라이[82]는 유서 깊은 우리네 문화니까요. 해병문학은 이런 식으로 유명해지기도 했습니다. 야한 작품의 링크를 달라는 사람에게 해병문학의 링크를 보내주는 것은 꽤 재밌는 일이죠. 〈쾌홍태 해병의 성기난사 대소동〉은 해병문학을 즐기지 않는 사람도 아는 트롤의 대명사입니다.

링크는 클릭해야 하고, 취미는 하게 만들어야 합니다. 불특정 다수에게 내 취향을 보여주기엔 부적합할지도 모르죠. 그런 여러분을 위해 가장 좋은 방법이 있습니다. 바로 '인터넷 방송'입니다. 인터넷 방송의 '영상 도네이션' 시스템은 시청자들과 함께 자신이 원하는 영상을 공유할 수 있게 해줬습니다.

---

82 만화 식객에서 나온 장면. 외국인에게 청국장을 원하는 장면이다.

방송인이 좋아서 방송을 나갈 수 없는 사람들에게 내 취향을 떠먹이기에 안성맞춤인 시스템. 내가 좋아하는 노래, 방송, 예능 등을 보여주는 것이 성행한 이후, '근첩도네'라는 것이 만들어졌습니다. 딱히 〈루리웹〉과 관련된 것은 아닙니다. 그냥 싫은 건 다 '근첩'이기 때문에 보기 싫은 도네이션을 '근첩도네'라고 부르지요.

의도적으로 불쾌감을 자아내며 행복을 느끼는 우리는 사도마조히즘 환자입니다. 실제로 정신과에서 그렇게 부르는지는 모릅니다. 이마저도 밈이기 때문입니다. 인터넷에 떠도는 〈악플러들: 사도마조히즘과 편집성 인격장애〉라는 만화에서 등장한 '사도마조히즘 환자'가 원본입니다.

'사도마조히즘 환자'는 의도적으로 타인을 불쾌하게 만든 뒤, 스스로에게 비난이 오는 상황을 즐기는 캐릭터입니다. 이 캐릭터가 하는 대사인 "내가 이 여자를 화나게 만들었다! 나는 감정을 지배할 수 있다!"는 지금도 자주 쓰이는 밈 중 하나입니다.

이 캐릭터의 행동은 인터넷의 유저들을 참 적절하게 묘사할 수 있습니다. 우리는 인터넷을 돌아다니며 최대한 불쾌하고 악의적인 것을 찾아 나섭니다. 그리고 내가 느낀 이 불쾌감을 공유하지요. 나와 함께 웃으며 불쾌하다고 공감해 주든, 그걸 가져온 나를 조롱하고 비난하든 나는 승리합니다. '나는 감정을 지배할 수 있다!' 상태가

4장 그래도, 인터넷에서 살아남기

되기 때문입니다.

불쾌하다는 표현 자체가 조롱이기 때문에, 근첩도네는 근본적으로 비웃음의 덩어리입니다. 심지어 영상을 올린 당사자들은 원하지도 않는 비웃음을 사지요. 하지만 이 역시 인터넷의 테이스트에 딱 맞아떨어집니다. 내가 욕을 한 게 잘못이 아니라, 나에게 보여준 사람이 잘못이 아니냐는 핑계로 마음 편히 욕을 할 수 있습니다. 책임 없는 쾌락. 우리의 모토입니다.

하지만 혐오보다 사랑이 강하다는 말은 진짜일 수도 있습니다. 마케팅에 이런 말이 있습니다. 좋은 쪽이든 나쁜 쪽이든 노출이 많이 되면 긍정적인 이미지가 된다고요. 근첩도네는 처음에는 조롱과 비웃음을 사지만, 나중에는 모두가 반가워합니다.

이 역시 하나의 부족적 돌림노래가 되기도 합니다. 이미 이 고통(?)을 경험해 본 이들은 그것으로 소속감을 갖습니다. 새로 들어온 유저들에게는 일종의 신고식 같은 역할의 진입장벽인 것이죠.

처음에는 심술이 나서 "노래는 좋네"라며 칭송했던 자들이, 나중에는 정말 익숙해져서 그 근첩도네들을 찾아다닙니다. 이 묶음 자체가 하나의 밈이 되기도 합니다. 빠르게 근첩도네들을 정리하고 하나로 묶어서 보여주는 형식을 "실전압축근첩도네"라고 부릅니다. 이 역시 또 다른 밈이 되어 외우고 다니는 사람이 생깁니다.

불쾌감을 자아냈던 것이 나중에는 유쾌하고 익숙한 것이 됩니다. 인터넷의 순기능일지도 모릅니다. 이것을 우리는 대유쾌마운틴이라고 부릅니다. '불쾌한 골짜기'를 뒤집은 말이지요. 인간의 적응능력은 무엇보다 뛰어나고, 인간의 포용력은 생각보다 따스합니다.

하지만 이렇게 끝난다면 인터넷이 아름답겠죠. 인간의 적응능력보다 뛰어난 것은 결국 악의입니다. 사람을 기분 나쁘게 만들기 위한 악의는 끝도 없습니다. 사냥꾼들은 우리가 적응한 것 이상의 물건을 계속 가져오려고 할 것이고, 우리는 계속 그 역치를 늘려나가야 합니다. 언제나 우리가 지는 싸움입니다.

〈웃긴대학〉의 '드레이븐'이라는 유저는 이런 명언을 남겼습니다. '내가 모르는 좆토피아라도 있냐? 진짜 퍼내도 퍼내도 새로운 것을 가져오네'. "좆토피아"는 인터넷의 본질을 꿰뚫는 말입니다. 우리는 이 좆같은 세상에서 온갖 쓰레기들을 꺼내서 전시합니다. 그것을 보고 느끼는 감정이나 반응도 대개 쓰레기입니다.

하지만 그걸 가져오기 위해 노력하는 사람, 적응한 사람, 적응하려고 하는 사람, 받아들인 사람, 또 다른 자에게 전도하는 사람 등등. 인터넷은 그들에겐 대유쾌마운틴입니다. 세상이 보기엔 썩 좋지 않은 행복이기 때문에, 우리에겐 유토피아인 이 공간은 좆토피아입니다.

반대로 말하면 좆토피아는 외부 관찰자 입장에서 하

는 말입니다. 냉철한 편집자적 논평 속에서는 그들의 유토피아를 읽을 수 없습니다. 인터넷 공간은 그런 공간입니다. 빠져들지 않으면 살아남을 수 없는 곳.

　빠져들지 않은 척해야하고, 인터넷은 아무것도 아닌 척해야 하며, 이 공간이 내게 중요하지 않은 것처럼 행동하고, 타인의 행복과 내 행복을 모두 하찮은 것으로 취급해야 하지만, 인터넷에서 살아남는 것은 재밌습니다. 그 모든 불행으로 보이는 것들이 자신에겐 불행으로 보이지 않습니다. 나에게는 그저 행복입니다.

　이런 인터넷 공간에서, 살아남는 것은 생각보다 재미있는 일입니다.

근데 이제 뭐함?

저는 4장까지의 살아남기 여정을 쓰며, 여러분들에게 인터넷 외부자의 시선과 내부자의 감정을 모두 전달했습니다. 인터넷은 모순적 공간입니다. 현실은 조금 불행해질 수 있지만, 자신은 행복합니다. 스스로의 행복을 내려치면서 재미를 느낍니다. 타인을 혐오하면서 타인에게 인정욕구를 바랍니다.

인터넷을 아무도 이해한 사람이 없다는 것은 슬픈 일입니다. 그 본질을 이해하지 못하면서 우리는 그 세계에서 살아남도록 내던져졌습니다. 반대로 생각하면 인터넷은 현실과 똑같습니다. 우리 역시 현실을 이해하지 못하면서 살아남도록 내던져졌습니다.

현실에서 내 행동이나 사고관, 표현이 어떤 태풍을 몰고 올지 생각하고 말하는 사람은 드뭅니다. 그걸 생각하는 사람이라고 해도 아마 사석에선 자신의 재미가 우선

일 겁니다. 인터넷 사람들의 행태를 비웃었을 수 있지만, 여러분의 무의식과 인터넷 유저의 무의식은 크게 다르지 않습니다. 인터넷 커뮤니티는 젠틀한 의식의 세계에 사는 우리들의 혼란스러운 무의식일 수 있습니다.

현실이 크든 작든 인터넷에 영향을 끼치는 것처럼 인터넷도 현실에 크든 작든 영향을 끼치고 있습니다. 나는 인터넷과 무관한 삶을 산다고 주장하는 사람도 퇴근 후에는 유튜브를 켜서 댓글 창을 읽습니다.

인터넷에서 살아남기는 선택이 아닐 수도 있습니다. 여러분은 점점 인터넷 공간에 던져질 것이고, 살아남지 못한다면 상처를 받을 겁니다. 이미 현실공간의 담론들은 인터넷이 좌지우지하고 있고, 인터넷 커뮤니티의 격랑에 여러분은 이미 수없이 휩쓸렸을 겁니다. 사실 여러분은 이미 인터넷에서 살아남기를 하고 있는 셈입니다. 우리가 눈치채지 못했을 뿐입니다.

우리가 인터넷에서 살아남고 있다는 사실을 모른다면, 세상이 휘두르는 대로 휘말릴 뿐입니다. 남의 표현에 담긴 흐름과 맥락을 모른 채로 받아들이게 됩니다. 인터넷의 외부자인 척 뒷짐지고 냉철한 척하고 있지만, 인터넷에서 발생한 사고관을 그대로 흡수하는 건 인터넷 문외한들일 겁니다. 인터넷의 원주민들은 그깟 하급 어그로에 당해주지 않으니까요.

나를 둘러싼 구조를 이해한 자만이 구조 바깥에서 바

라볼 수 있습니다. 인터넷은 이미 우리의 구조가 되었습니다. 이 책을 집어 들며 인터넷을 이해하고 인터넷에 파고들어야겠다고 마음먹으신 분들께는 죄송한 일이지만, 사실 인터넷에서 한 발짝 떨어져서 인터넷을 바라보도록 하는 것이 제 의도였습니다.

그래서 우리는 또 다른 질문을 던져봐야 합니다. 인터넷의 구조를 다 이해하진 못했을 겁니다. 하지만 인터넷 밈의 흐름과 사조를 이해하며 조금은 인터넷 흐름에 다가갈 수 있었습니다. 조금은 자신감이 생깁니다. 아니, 마치 내가 인터넷을 다 이해한 것 같은 착각도 듭니다. 내일이라도 한 커뮤니티에 접속해서 네임드 유저가 될 수 있을 듯 합니다.

그런 여러분들에게 마지막으로 소개해 줄 밈이 "근데 이제 뭐함?"입니다. 인터넷에 몰입했든, 인터넷에 열광했든, 인터넷을 비판하든, 조롱하든, 분노하든, 우리는 이 말에서 헤어나올 수 없습니다. '근데 이제 뭐함?' 심지어 '근데 이제 뭐함?'은 그 말을 하는 화자조차 냉철한 척한다고 풍자하는 유행어이기 때문에, 이 말을 하는 저조차 빠져나올 수 없습니다.

인터넷에 대한 글을 쓰겠다고 주장한 이 책의 첫 문장이 "인터넷은 인간이 발명하고도 이해하지 못하는 최초의 발명품이다"인 것은 좀 맥 빠지는 말입니다. 그처럼 마치는 말도 좀 맥 빠지는 밈으로 끝내는 것이 좋을 것 같았습니다. 아마 우리는 '근데 이제 뭐함?'을 통해 다시 현실을 자각하고, 각자의 삶을 살아갈 것입니다.

인터넷에 대해 잠깐 불타는 논쟁을 하고, 잠깐 일희일비를 즐긴 후, 머리를 차갑게 식히면서 냉철하게 스스로에게 질문을 하겠지요. "근데 이제 뭐함?" 하지만 이후의 답을 낼 때, 이 책의 내용이 조금이라도 도움이 되었길 바라겠습니다.

인터넷을, 우리가 함께 살아가는 *지금*을 살아남고 있는 여러분들께 진심어린 감사인사를 드립니다.

근데 이제 뭐하지?

2024년 11월,
사랑을 담아
마이너 리뷰 갤러리 올림

인터넷 커뮤니티에서 살아남기

밈과 혐오의 세계 생존 전략

초판 1쇄 2024년 11월 22일 발행

지은이 마이너 리뷰 갤러리
펴낸이 김현종
출판본부장 배소라 기획편집 맹준혁 디자인 김기현
마케팅 안형태 김예리 경영지원 박정아
펴낸곳 ㈜메디치미디어
출판등록 2008년 8월 20일 제300-2008-76호
주소 서울특별시 중구 중림로7길 4, 3층
전화 02-735-3308 팩스 02-735-3309
이메일 medici@medicimedia.co.kr 홈페이지 medicimedia.co.kr
페이스북 medicimedia 인스타그램 medicimedia